자살 예방을 위한 독서치료

임성관

임성관

대학교에서는 문헌정보학과 미디어영상을, 대학원 석사과정에서는 사서교육전공과 상담심리전공을, 대학원 박사과정에서는 문헌정보학을 공부했으며, 성균관대학교 생활과학연구소에서 국내 최초로 운영되었던 독서치료전문가 과정을 1기로 수료했습니다. 더불어 숙명여자대학교 아동교육전문가 과정도 1기로 수료한 후 2004년 2월에 휴독서치료연구소를 설립해 17년 동안 소장으로 일했으며, 현재는 경기대학교 교육대학원 사서교육전공 조교수로 근무 중입니다.

더불어 휴독서치료연구소 고문, 한국독서교육연구학회 회장, 한국도서관협회 독서문화위원회 위원, 천안시공공도서관 및 작은도서관 운영위원회 위원, 국립어린이청소년도서관 도서관이야기 편집위원, 국방부 진중문고 분야별 외부 추천 전문가, 경기도교육청 사람 책, 법무부 소년보호위원, 문화체육관광부 및 한국예술인복지재단 인증 문학인으로도 활동하고 있습니다.

그동안 출간한 책은 총 46권으로, 그 중 독서치료 관련 도서로는 『독서치료의 모든 것』, 『독서치료 수퍼비전의 실제』, 『독서치료에서의 문학작품 활용』, 『노인을 위한 독서치료 1-2』, 『성인을 위한 독서치료 1-2』, 『청소년을 위한 독서치료 1-2』, 『어린이를 위한 독서치료 1-2』, 『책과 함께하는 마음 놀이터 1-4』, 『애도를 위한 독서치료』, 『우울 극복을 위한 독서치료』, 『관계 증진을 위한 독서치료』, 『사서를 위한 마음 약방』 등이 있고, 독서지도 관련 도서로는 『(노인을 위한 1년 독서 실천 전략) 독서사도』, 『책 좋아하는 아이 만들기』 등이, 독서상담 관련 도서로는 『(자녀의 독서를 고민하는) 엄마들의 책』이 있습니다. 또한 독서클리닉 관련 도서로는 『독서로 풀어가는 난독증 1-2』, 독서코칭 관련 도서로는 『초등 학습능력 올리는 독서코칭』이, 이어서 독서 활용 분야들을 아우른 『독서 : 교육·지도·상담·코칭·클리닉·치료』가 있습니다. 마지막으로 아동 및 청소년들을 위한 도서로는 『나를 표현하는 열두 가지 감정』, 『동시 : 함께하는 시간』, 『상상 도서관』, 『SWAG』, 『카운트다운』, 『오, 신이시여!』, 『미디어의 쓸모』, 『중학교 2학년』, 『강아지 똥은 왜 자아존중감이 낮았을까?』가 있습니다.

또한 70편이 넘는 논문도 발표를 하는 등 20년이 넘는 기간 동안 독서 분야 발전을 위해 노력해 왔습니다. 그 공적으로 2021년도에는 제27회 독서문화상 시상식에서 국무총리 표창을 받았습니다.

자살 예방을 위한
독서치료

임성관

목 차

들어가기 - 6

자살에 대한 이해와 독서치료 - 10

첫 번째 자살 - 43
아동의 비자살적 자해 예방을 위한 독서치료 프로그램

두 번째 자살 - 89
학교 밖 청소년의 자살 위험 감소를 위한 독서치료 프로그램

세 번째 자살 - 155
성인 성소수자의 자살 예방을 위한 독서치료 프로그램

네 번째 자살 - 223
노인 생명 존중을 위한 자연 친화 독서치료 프로그램

나가기 - 266

자살 예방을 위한 독서치료

들어가기

나는 그동안 50년 가까이 살아오면서 '죽고 싶다'거나 '죽어야겠다'는 생각을 몇 차례 한 적이 있다. 다만 실행을 하지 않았기 때문에 여전히 하루하루를 열심히 살아내고 있지만, 아직도 가끔은 그런 생각이 들 때가 있다.

그런데 살면서 이런 생각을 안 해본 사람이 있을까? 만약 전 세계 성인들의 50% 이상이 '자살'에 대한 생각을 한 번 이상 해본 적이 있다고 답한다면, 이는 상당히 보편적인 생각이라고 할 수 있을 것이다. 물론 이는 필자의 추측일 뿐, 대부분의 사람들은 분명 살아 있고 살아내야 하기 때문에 삶에 대한 생각을 더 많이 할 테고, 믿고 있는 종교나 두려움 등 여러 요인들로 인해 절대 자살을 선택하지도 않을 것이다. 그럼에도 통제할 새도 없이 불현 듯 떠오르는 생각들 안에는 죽음이나 자살에 대한 것도 포함되어 있을 것이다.

물론 역사상 자살이 합법적이었고 긍정적으로 이해받았기 때문에 권고를 했던 시대도 있었다. 그러나 자살은 오래 전부터 터부시된 주제였다. 죽음의 한 형태임에도 신과 부모로부터 받은 삶을 스스로 포기한다는 점, 자기 자신을 살인한다는 측면에서 불경하거나 인륜을 저버린 일로 치부되었다. 따라서 주변 사람들에게 알리지 않고 장례 의식도 치르지 않은 채 그 상황을 빨리 수습하고 잊으려 노력한 경우도 많았다.

그러던 것이 19세기 이르러서 악이나 죄의 표상보다는 점차 하나의 질병적 증후(症候)로 간주되기 시작했다. 프로이트는 그 증후의 주체를 개인으로 보고 자살을 광기나 우울증, 신경쇠약, 자아 분열 등과 같은 의학적 혹은 심리학적인 병리 현상과 관련된 증후로 간주한 반면, 뒤르켕의 경우에는 자살을 사회적인 현상으로 파악하여 하나의 문화권 내에서 발생하는 집합적 증후로 간주하였다. 19세기 말부터 자살에 대한 인류학적 해석들이 이루어지면서 자살은 비로소 터부도 아니고 하나의 단순한 사건도 아닌, 하나의 현상으로 인정되고 평가되기 시작했다.[1]

---

1) 이진홍. 2006. 『자살』. 파주: 살림.

또한 자살은 자기 자신을 스스로 죽이는 것이기 때문에 한 개인의 문제라고 볼 수 있지만, 가족이나 사회에까지 미치는 파장이 워낙 커 집단적이자 사회적 문제라고 인식되기 시작했다. 따라서 전 세계적으로 자살에 대한 관심도가 높아졌고, 현재에 이르러서는 특히 예방에 초점을 두고 국가적 차원에서 노력을 기울이고 있는 실정이다.

그렇다면 이미 자살한 사람들은 왜 그런 선택을 한 것일까? 그럴 용기로 살아내면 된다고들 말하는데 왜 그러지 못한 것일까? 자살은 보통 우울증을 앓고 있는 사람들의 최종 선택이라고들 생각하는데, 더 넓게 보면 자신의 삶과 사회를 더 이상 통제할 수 없다고 여기기 때문에 이루어지는 결정이다. 따라서 자살은 스스로 결정하고 통제할 수 있는 마지막 선택인 것이다.

이 책은 '주제별 독서치료 시리즈' 네 번째 권으로, 독서치료적 접근을 통해 자살 예방을 도울 수 있는 방안을 제시하기 위한 목적을 갖고 있다. 다음 문장은 이 책의 집필 및 출간 의도를 가장 잘 담고 있어서 그대로 옮겨 보았다.

가장 중요한 것은 자살이 충분히 예방 가능하다는 사실을 인식하는 것이다. 그 다음은 자살을 줄이기 위해 할 수 있는 모든 노력을 다하는 것이 공동체의 책임이자 의무라는 연대 의식이다. 자살도 암, 당뇨, 교통사고 못지않게 예방이 가능하다는 단순한 명제에서 시작한다면 의외로 쉽게 자살 예방에 대한 길이 열릴 수 있다.[2]

자살한 사람들의 묘비에 자주 쓰이는 아랍 속담 중에 '어떤 사람들에게는 서 있는 것보다 앉아 있는 것이 더 낫고, 앉아 있는 것보다 눕는 것이 더 낫다. 또 어떤 사람들에게는 앉아 있는 것보다 서 있는 것이 더 낫고, 사는 것보다 죽는 것이 더 낫다.'라는 것이 있다.

---

2) 서종한. 2015. 『심리부검 : 나는 자살한 것을 후회한다』. 파주: 학고재. p. 99.

부디 죽는 것보다 사는 것이 더 낫다고 여기는 사람들이 많기를 바라며, 더불어 이 책을 통해 소개하는 여러 문학작품들과 독서치료 프로그램이 많은 사람들의 소중한 생명을 지키고, 그들이 다시 힘을 내서 살아내는데 돕기 위한 여러 장면에서 활용되기를 바란다.

2022년 6월

오늘, 또 하루를 살아내며

| 자살에 대한 이해와 독서치료 |

1. 자살의 정의[3]

'자살'이라는 단어 자체는 1700년이 조금 못 되어 등장했다. '자살(suicide)'이 그때까지 쓰이던 '자기 살해(meurtre de soi-même)'라는 표현을 대체한 것이 그러한 변화의 신호다.[4]

자살에 대한 이론이 처음 나오기 시작한 19세기 이후, 자살에 대한 학문적 연구는 광범위하고 다양하게 이어져왔다. 19세기 초, 정신의학 분야의 권위자였던 도미니크 에스키로르와 모로 드 토르 두 의사의 이론은 자살자들을 심신상실자로 보는 시각에 그 기초를 두고 있다. 뒤를 이은 모리스 하루왓치의 이론은 자살을 사회 정세를 반영하는 정신적인 트러블과 연결시켜 생각한 것이었다.

19세기 말에는 근대 사회학의 아버지 에밀 뒤르켐의 영향으로 건전한 정신을 가진 사람도 개인적인 이유로 자살할 수 있다고 생각하게 되었고, 자살을 사회적 측면과 관련된 현상으로 이해하게 되었다.

최근에는 철학과 정신분석학에 근거해 자살을 사회심리학적 현상으로 다루고 있다. 전문가들은 자살을 여러 범주로 나눈다. 다양한 학파의 이론을 종합해 보면 자발적인 죽음은 심한 우울로 인한 자살, 병적 자살, 보복적 자살, 안정된 상태에서의 자살,

---

3) 마르탱 모네스티에 저, 한명희 역. 2015. 『자살에 관한 모든 것』. 서울: 새움. pp. 12-13.
4) 조루주 마누아 저, 이세진 역. 2014. 『자살의 역사 : 자발적 죽음 앞의 서양 사회』. 서울: 그린비. p. 13.

이기적 자살, 의무적이며 이타적인 자살, 편집광적 자살, 충동적 자살, 운명론적 자살, 영웅적 자살, 적극적 자살, 소극적 자살, 이론적 자살, 열광적 자살, 망상적 자살, 혼돈 상태에서의 자살, 살인 청부업자에 의한 자살, 희생적 자살, 유희로서의 자살, 전략적 자살, 경계 반응적 자살 등으로 분류되고 있다.

이처럼 자살은 매우 복잡하고 다양하기 때문에 정확히 판단하기 어렵다. 위에 소개된 자살에 대한 정의들은 모두 사회의 변화를 반영하고 있다. 자살 동향에 대해 전 세계적인 조사와 연구를 해온 세계보건기구는 1968년 자살에 대해 다음과 같이 정의를 내렸다.

"자살이라는 것은 죽음에 대한 의지를 지니고 자신의 생명을 해쳐서 죽음이라는 결과에 이르는 자멸 행위다."

2. 자살에 대한 다양한 견해들[5][6]

■ 자살은 착란 상태에 있는 인간이 자기 목숨을 끊는 행위이다. 자살하려는 사람은 모두 정신병자다. - 에스키로르

■ 희생자 자신이 결과를 알면서도 적극적, 소극적 행동에 의해 직접 또는 타인을 통해 행하는 죽음을 자살이라고 부른다. - 뒤르켐

■ 희생자 자신이 희생이 아니라 어떤 의도를 가지고, 혹은 죽음이라는 목적을 가지고 한 행위의 결과 일어나게 된 모든 죽음을 자살이라고 부른다. - 알버크

---

5) 마르탱 모네스티에 저, 한명희 역. 2015. 앞의 책. p. 12.

6) 마르탱 모네스티에 저, 한명희·이시진 역. 2008. 『자살 전서』. 서울: 새움. pp. 642-654.

■ 자살을 삶을 선택할 수도 있었지만 모든 사회적 의무로부터 벗어나기 위해 죽음을 선택한 명석한 인간이 행한 행위를 말한다. - 델마

■ 자살은 죽음을 수단이나 결과로 간주하여, 자기 스스로 죽는 행위이다. - 드에

■ 자살은 실존에 관한 문제의 해결 방법을 주체의 자발적 죽음에서 구하고 발견하는 행동이다. - 바에슐러

■ 자살, 그것은 국가에 반역하는 과오이다. - 아리스토텔레스

■ 만약 내가 자살한다면, 그것은 나를 파괴하기 위한 것이 아니라 나를 완전히 다시 발견하기 위한 것이다. 자살에 의해서 나는 처음으로 내 본성을 다시 통합하게 될 것이며, 내 의지의 형식을 사물들에게 부여할 수 있게 될 것이다. - 아르토

■ 생명은 중요하지도 존엄하지도 않은 어떤 것이다. 노예나 짐승들도 그대처럼 생명을 갖고 있다. 용기 있고 현명한 사람도 비참한 사람도 세련된 사람도 죽음을 생각하고 갈망한다. - 아탈

■ 자살은 친근하고도 기나긴 운명으로 준비된다. 자살은 문학적으로 가장 잘 준비되고 정교하게 손질된 종합적인 죽음이다. - 바슐라르

■ 자살은 애수어린 한 편의 시이다. 감정을 죽인 채 늙을 때까지 생명을 연장하든가 열정의 순교를 받아들여 젊어서 죽기, 이것이 우리 삶의 숙명이다. - 발자크

■ 죽음이 감히 우리에게 찾아오기 전에, 우리가 먼저 그 비밀스런 죽음의 집으로 달려 들어간다면, 그것은 죄일까? - 셰익스피어

■ 자살, 이것은 유쾌한 죽음인가 아니면 우아한 종말인가? - 바이에

■ 자살 행위는 한 번도 자살 시도를 해보지 않은 사람들과 앞으로도 결코 자살을 시도하지 않을 사람들에게만 공포를 준다. - 베르나노스

■ 사람들은 미래의 어떤 비밀스러움과 해독 불가능한 죽음의 모호함을 없애기 위해 자살한다. - 블랑쇼

■ 살인에는 언제나 이유가 있다. 그러나 삶에는 정확한 의미를 부여하기가 어렵다. 자살은 위대한 예술작품처럼 마음의 고요함 속에서 준비된다. 삶의 이유를 말할 수 있는 사람은 확실한 죽음의 이유도 갖고 있다. - 카뮈

■ 완벽한 행복이 어떤 것이든 간에, 종종 그가 때마침 할 수만 있다면 자살은 현자들의 권리이다. - 카토

■ 내가 살아온 삶은 나에게 자살하지 못하게 한다. - 상드라르

■ 인생의 목적은 사는 것인가? 아니다, 죽는 것이다. - 클로델

■ 자살하는 것은 자신을 마음대로 처분하는 능력이고 존재하길 원치 않았던 자가 지니는 개인성의 가장 높은 표현이다. - 클레망소

■ 죽음을 삶으로 바꾸길 원치 않는다면 그만큼 강인해야 할 것이다. - 들레

■ 나는 죽고 싶다. 이것은 적어도 가끔은 삶보다도 더 중요한 것들이 존재한다는 것을 증명해주는 것이기도 하다. 그러나 자살하는 모든 사람들은 유죄이다. - 디드로

■ 우리가 자살하지 않는 이유는 두 가지가 있다. 저 세상에 대한 괴로움과 두려움, 정신적으로 짐승의 차원을 거의 벗어나지 못하는 모든 인간들이 불멸에 대한 믿음을 잃게 되면 자살은 절대적이고 필수불가결한 것이 되는 것은 확실하다. 나는 내가 어디에도 종속되어 있지 않고 나의 새롭고 엄연한 자유를 확인해 보이기 위해 자살을 하려 한다. 부산하게 행동하는 사람들이 있다. 이들은 거의 생각하지 않는 사람들이다. 그렇지만 합당한 이유 때문에, 그리고 깊은 사고 끝에 자살하는 사람들도 있다. - 도스토예프스키

■ 인간은 자살과 노력 사이에서만 선택할 수 있다. - 포르

■ 만일 세상이 나를 고통스럽게 한다면, 내가 할 수 있는 유일한 일은 세상을 없애버리는 것이다. 더럽고 추한 세상에 손을 뻗치는 노예가 되느니, 차라리 나는 생의 고리를 끊고 이 고통을 떠나버리겠다. - 피게라스

■ 젊은 시절, 난 자살을 꿈꿨다. 내 친구들과 나는 광기와 자살 사이에서 이상한 상태로 살았다고 고백해야겠다. 어떤 사람들은 자살했고, 그것은 대단한 일이었다. 나는 태어날 때부터 죽음의 욕구를 갖고 있었다. 나에게 삶보다 더 어리석은 일은 없으며, 그 삶에 집착하는 것만큼 부끄러운 일도 없다. - 플로베르

■ 자살은 상상할 수 있는 가장 최후의 방법이다. - 푸코

■ 자살은 마음과 정신이 단순한 사람들의 질병이 아니다. 자살은 오히려 세련되고 철학적인 사람들의 질병이다. - 지라르

■ 어떤 면에서 자살은 비열하다고는 할 수 없어도, 적어도 안이한 해결 방식임에 틀림없다. 나는 내가 내 자신을 죽일 수 있음을 이미 알고 있다고 생각한다. 내가 나를

파괴하는 것으로부터 아주 풍요로운 원천을 발견한다. 그러나 물론 이것은 내가 자살하지 않을 때에만 유효한 것이다. - 칸트

■ 자살하지 않는 사람이 분명히 더 많다. 왜냐하면 이 사람들은 자살한 사람들보다 훨씬 더 나태하기 때문이다. 사회가 사회의 운명을 넘어서 온갖 종류의 물질적, 윤리적 비참함들을 너무도 많이 양산해내기 때문에 그들에게 죽음의 지배로부터 벗어나는 사람들을 정죄할 권리를 주는 것은 현명한 일이 아니다. - 란즈버그

■ 고통 없이 버튼만 누르면 즉시 죽을 수 있도록 우리를 도울 만한 작은 스위치가 가까이에 있었다면, 세상 사람들은 모두 자살했을 것이다. - 로웰

■ 삶은 누구도 부인할 수 없는 선물이다. - 멘델스트롬

■ 자살은 세 가지 욕구로 구성된다. 살해의 욕구, 살해당하려는 욕구, 살려는 욕구.
   - 메닝거

■ 인간은 자살할 권리가 있을까? 그렇다. 그의 죽음이 누구에게도 해가 되지 않고, 타인이 그에게 너무 고통스럽게 느껴질 때는 자살할 권리가 있다. 그러나 저항하지도 않고 슬픔에 자신을 내맡겨버리는 것, 즉 더 이상 견디지 못하고 자살하는 것은 이기기도 전에 전투를 내팽개쳐버리는 것과 같다. 절망의 행위로서의 자살은 나태함일 수 있다. - 나폴레옹

■ 선의 가장 근본은 계속 생명을 유지하는 것이다. - 슈바이처

■ 어떤 상황에서는 유일한 대안이 죽음밖에 없을 때가 있다. 사람이 삶을 선택할 수 있도록 주의를 기울여야 한다. - 사르트르

■ 삶을 증오할 만큼 불행한 사람을 미워해서는 안 된다. 짐이 많아서 자살하는 사람을 칭찬해서도 안 된다. 왜냐하면 이런 사람은 그 짐을 지면서도 인생을 살아나갈 수 있으며, 이렇게 살아나가는 사람의 윤리가 더 위대한 것이기 때문이다. - 스탈 부인

■ 스스로에게 죽음을 부여하는 사람은 무능력으로 상처받은 영혼을 갖고 있으며, 완전히 세부 원인들에 굴복한 사람이고, 본성에 반하는 사람이다. 자유로운 인간은 죽음을 전혀 두려워하지 않는다. 자살은 덕스러운 행위가 아니다. 자살은 인간의 정수인 어떤 것의 파괴를 목표로 하기 때문이다. - 스피노자

■ 만일 인생이 가장 좋은 것이라면, 그것을 버리는 데는 용기가 필요하다. - 스텐겔

3. 자살에 대한 관점

1) 정신의학적 관점

정신의학적 관점에서 자살은 정신질환이라는 선행 인자와 환경적 강화 인자의 조합으로 설명한다. 정신질환은 정신의학에서 자살의 원인으로 가장 유의미하게 고려하는 요인이다. 예를 들어 생물학적 신경전달물질인 도파민과 세로토닌계 물질이 불균형을 이룬 상태에서 가정폭력, 이혼과 같은 환경적 요인이 결합될 때 자살이 일어난다는 것이다.[7]

---

7) 이순성. 2010. 자살예방 : 그 한계와 대안. 『생명연구』, 18: 79-110.

2) 심리학적 관점

어떤 이들은 인간이란 무한한 능력을 가진 자발적 존재라 한다. 그들은 인간은 언제나 '이성의 힘'으로 어떤 불가항력적인 힘에도 현명하게 대처하는 태도를 견지할 수 있다고 주장한다. 하지만 불행히도, 이 세계의 안녕을 담보하는 이 주장은 인류의 고유한 특성으로 인해 부정될 수밖에 없다. 모든 사람은 자신이 죽으리라는 것을 안다. 따라서 누구든 이 불안한 운명의 예감에서 고의적으로 이탈할 수 있으며, 특히 삶이 그를 지치게 할 때 그 욕망은 더욱 커진다. 돌아올 수 없는 세계를 향한 그 욕망은 무시무시한 만큼 달콤하고 매혹적이며, 그는 자신을 둘러싼 모든 상황과 사건을 그 욕망을 정당화시키는 표지로 특별하게 인식한다. 이것은 자살에도 사랑과 같이 엄청난 열정이 필요하다고 본 프로이트의 견해와 흡사하다.[8]

심리학적 관점에서 자살은 개인의 심리적 변화로 이해되었다.[9] 정신분석학에서는 자살을 자기 증오와 죽음 본능으로 설명한다. 자기 증오는 사랑하던 대상에 대한 분노가 자기 자신에게로 향하는 순간 자살을 선택하게 되는 것이다.[10] Menninger[11]는 자살을 '자신에게 향하는 죽음의 본능'이자 타인을 향한 분노가 전도된 것으로 보았다.

3) 사회학적 관점

사회학적 관점에서 Durkheim[12]은 개인적 행위인 자살을 통합과 규제에 의한 사회

---

8) 마르탱 모네스티에 저, 한명희 역. 2015. 앞의 책. pp. 8-9.

9) 여은경. 2012. 청소년 자살에 관한 이론 및 연구 고찰. 『아동가족치료연구』, 11: 1-16.

10) Freud, S. 1917. *Mourning, and Melancholia*, The Standard Edition of the Complete Psychological Works of Sigmund Freud, The Hogarth Press and The Institute of Psychoanalysis.

11) 메닝거, K. A. 저, 설영환 역. 1973. 『생명을 존중하며 삶을 사랑하는 마음』. 서울: 고려서원.

12) 뒤르켐, 에밀 저, 황보종우 역. 2019. 『(에밀 뒤르켐의) 자살론』. 파주: 청아출판사.

응집력이라는 사회적 변인으로 사회통합이론을 주장하며, 집단의 자살 발생률이 사회 통합과 사회 규제의 정도에 따라 다르게 나타난다고 설명했다.

Gibbs는 Durkheim의 사회통합이론을 수정하여 지위통합이론을 제시하며 양립 불가능한 지위를 차지하여 역할 갈등을 일으키는 개인이 많은 집단에서 자살률이 높다고 하였다.[13]

4) 실존 철학적 관점

정신의학 및 심리학과 사회학에 반영된 자살에 대한 통상적 이해에 대해 야스퍼스는 인간 실존의 자유로운 행위, 특히 자살을 '통계적이고 인과론적 연구의 대상'으로는 결코 이해할 수 없다는 점을 지적하면서, "경험적으로 탐구하는 대상적 인식의 한계에서 비로소 자살이 철학적 문제로서 등장하게 된다."고 주장한다. 그에게 자살은 현실적 삶의 조건을 위한 수많은 행위로부터 자유로워지는 유일한 행위로 여겨진다. 자유로운 실존에서 죽음은 한계상황으로서 도래하는 사건이다. "오직 인간만이 죽음에 대해서 안 다음에 자살의 가능성 앞에 선다. 그는 의식을 가지고 자기의 생명을 걸 수 있을 뿐만 아니라, 그 자신이 살 것인지 아닌지를 결정할 수 있다. 죽음은 그의 자유의 영역에 속한다." 따라서 자살은 통상적인 경험적 인식의 범주를 통해서 온전히 접근할 수 없다는 것을 다음과 같이 피력한다. "인간은 심리학, 사회학 그리고 역사학의 대상으로서 현실적으로 존재하지만, 그는 그러한 영역들의 대상으로서 완전히 밝혀질 수가 없다."[14]

---

13) 박경애. 1996. 성과 자살. 『가족과 문화』, 1: 149-172.

14) 야스퍼스, 칼. 저, 신옥희 외 역. 2019. 『철학 Ⅱ : 실존조명』. 파주: 아카넷. p. 475.

4. 자살의 원인

자살에는 다 그럴 듯한 이유가 하나씩은 있는 법이다. - 체자레 파베제

1) 우울증

우리가 본능적 삶이 시작되는 제1단계로 인식하고 있는 자아의 자기애는 대단히 강렬하다. 생명이 위협받는 공포의 상황에서 방출되는 자기애적 리비도의 양도 막대하다. 그래서 우리는 그 자아가 어떻게 자신의 파괴에 동의할 수 있는지 이해할 수 없다. 신경증 환자들이 자살의 생각을 품을 때, 그의 그러한 생각은 타인에 대한 살해 충동을 자기 자신에게로 전환시킨 것이라는 사실에 대해서는 우리가 이미 오래 전부터 알고 있는 바이지만, 우리는 힘의 어떠한 상호작용이 그러한 목적을 달성시킬 수 있는가에 대해서는 설명할 수 없었다. 그런데 우울병의 분석 결과는 다음과 같은 사실을 밝혀 주었다. 즉, 자아의 대상 집중(object cathexis)이 자아 그 자체로 되돌려져 그 자신을 하나의 대상물로 삼을 수 있을 때에만, 그리고 외계의 대상물에 대한 자아의 근원적인 반응으로서의 적대감을 자아로 되돌릴 수 있을 때에 비로소 자아는 그 자신을 죽일 수도 있게 된다는 것이다. 따라서 자기애적 대상 선택(object choice)으로부터의 후퇴를 통하여 대상이 제거되어 버리는 것은 사실이지만, 그러나 물론 대상이 자아 그 자체보다도 한층 강력하다는 것이 판명된다. 열렬한 사랑과 자살이라는 전적으로 반대되는 두 상황에서는, 비록 완전히 다른 방식을 통해서이긴 하지만 자아가 대상에 의해 압도된다.[15]

자살자의 우울상태란 얼어붙어 생산도 없고, 움직임도 없는 일종의 정신적 겨울이다. 자연이 더욱 풍요로워지고, 더욱 온화해지며, 더 유쾌해질수록 그 내부의 겨울은

---

15) Freud. S. 1964. *Mourning and Melancholia*. Complete Psychological Works, ed. James Strachey et al., xiv, London. p. 252.

그만큼 더 깊어가고, 내부세계와 외부세계 사이에 가로놓인 심연은 그만큼 더 넓어지고 견딜 수 없는 것이 되어가는 것 같다. 따라서 자살은 부자연스러운 상태에 대한 자연적인 반응이라 할 수 있다. 우울증에 빠진 사람들에게 성탄절이 견딜 수 없는 것은 아마 이러한 이유 때문일 것이다. 성탄절은 이론상으로는 마치 폭풍우 치는 날 밤의 불빛 새어나오는 창과 같은, 무자비한 계절 속의 따뜻하고 밝은 오아시스일 것이다. 그러나 집을 떠나 방황하는 사람들에게는 그것이 -봄이라는 계절과 마찬가지로- 공적인 화기애애함과 흥청스러움과, 차가운 개인적인 절망 사이의 간극을 심화시켜 줄 뿐인 것이다.[16]

우울증이 자살 행동의 주요 위험요소로 작용한다는 것은 이미 많은 연구 문헌에서 주장하고 있는 바이다. 특히 우울증은 성별에 관계없이 자살 생각에 유의미한 영향을 미치는 요인으로 나타났으며, 이러한 실증 결과는 이미 많은 자살 연구가 다루어 온 주제이다.[17]

2018년 정부가 발표한 「국가자살예방정책」의 핵심적인 내용도 40대에서 70대까지의 성인을 대상으로 우울증 검진을 실시하는 것이 포함되어 있다. 이러한 관점의 저변에는 자살이 우울증과 같은 정신적 질병으로 인해 비롯된다는 시각이 전제되어 있는 것이다. 그러나 이러한 신경 의학적 접근에 대해 '우울증 자체를 고통의 원인으로 취급하는 것은 문제의 결과를 원인으로 설명함으로써 인간의 정상적인 감정 반응을 왜곡시켜 사회적 성찰의 기회를 축소시키는 결과'를 가져온다는 비판이 일기도 한다.[18]

---

16) 알프레드 알바레즈 저, 최승자 역. 2000. 『자살의 연구』. 서울: 청하.

17) 이상영 외. 2012. 우리나라의 자살 급증 원인과 자살예방을 위한 정책 과제. 『연구보고서 2012-64』. 세종: 한국보건사회연구원. p. 64.

18) 정승화. 2012. 자살과 통치성 : 한국 사회 자살 담론의 계보학적 분석. 박사학위논문. 연세대학교 대학원 사회학과. p. 36.

즉, 우울증이 자살 원인으로 작용하는 것이 아니라 자살에 직면한 사람들이 우울증을 겪고 있을 가능성이 크다는 것이다. 이처럼 우울증과 자살 사이에는 인과관계가 아니라 상관관계가 성립될 수 있다.[19]

이러한 문제점은 같은 보고서에서 그대로 읽어낼 수 있다. 우울증 유병 경험의 경우 여성이 20.9%로 남성(6.1%)에 비해 3배 이상 높았고, 의사 진단, 치료 경험, 자가진단 등 여러 우울증 지표에서 여성의 우울증 유병율이 남성에 비해 높게 나타났지만, 실제 자살률은 남성이 여성에 비해 2배 이상 높게 나타난다고 밝히고 있기 때문이다. 또한 우울증 유병율은 남녀 모두 50세-55세 구간에서 가장 높게 나타나고 그 이후 감소하고 있지만, 연령별 자살률의 경우 55세 이후 급격히 증가하는 사실을 보여준다.[20]

이처럼 우울증과 자살 사이의 연관관계를 의심할만한 내용이 같은 보고서에 드러나고 있음에도, 우울증을 자살의 주요한 원인이라고 결론짓는 것은 자살을 정신병에서 비롯되는 결과로 보는 경향 때문이라고 볼 수 있다. 자살의 현상을 정신적 고통의 결과로 해석하는 것에는 유의미하지만, 자살을 '질병'의 결과로 단정 짓는 것은 자살에 대한 근본적으로 규명하고 있는 문제를 해결하기에는 한계가 있다.[21]

2) 사회적 불안정

자살은 오늘날 개인의 삶을 억압하는 사회학적 지표로 읽혀지기도 한다. 특히 최근 20여 년간 비정상적으로 높아진 한국의 자살률은 한국 사회의 현실을 여실히 보여준다. 한국의 10만 명당 자살률은 1991년 7.3명에서 1998년 18.6명으로 증가한 뒤,

---

19) 주혜연. 2020. 야스퍼스의 자살에 대한 철학적 고찰과 철학상담. 『철학연구』, 130: 99-130. p. 102.

20) 이상영 외. 2012. 앞의 보고서. p. 59.

21) 주혜연. 2020. 앞의 논문. p. 103.

2011년 31.7명을 기록하고 있다. 20년 사이 4.3배로 자살률이 증가한 것이다. 2011년을 정점으로 자살률이 소폭 감소하기는 했지만, 아직도 한국은 2019년 24.3명으로 OECD 평균 자살률 12.0명을 두 배 이상 뛰어넘어 세계 1위를 기록하고 있다. 우선 한국의 자살률이 급격히 증가한 계기로 IMF 외환 위기와 유럽발 금융 위기라는 사실을 부인할 수 없다. 10만 명 당 자살자 수가 10명 미만으로 유지되던 한국 사회는, 외환 위기의 조짐이 보이던 1996년부터 자살자의 수가 증가하기 시작해 외환 위기 직후인 1998년 자살률이 급격하게 증가했고, 지속적인 상승 경향이 관찰되었다. 카드 대란 사태가 있었던 2003년과 글로벌 금융 위기 직후인 2009년을 기점으로 자살자의 수가 더욱 가파르게 증가하면서 유럽발 금융 위기가 발생한 2011년에 최고치를 기록하였다.[22]

이러한 특징으로 인해 한국의 자살률 증가는 '경제적 원인'으로 인한 사회적 혼란과 연관된 것으로 이해된다. 그러나 사회학적 관점에서 자살 문제에 접근하는 연구자도 '경기 변동기에 자살이 증가하는 이유는 물질적 상황보다는 경기 변동이 가져오는 불안정성'에서 원인을 찾아야 된다고 주장한다.[23]

이처럼 한국 사회에서 자살이라는 현상의 증가가 특수한 경제적 상황과 시기적으로 겹쳐있기는 하나, 물질적 상황의 악화가 삶의 포기라는 극단적 선택을 촉진했다고 해석하는 것은 인간 행위의 동기를 지나치게 단순화시키는 시각이다. 모든 현상은 하나의 원인으로부터 다양한 결과가 도출되기도 하고, 다양한 원인으로부터 하나의 결론이 도출될 수 있는 잠재성도 가지고 있다. 예를 들어, 경제적 혼란은 물질적 궁핍뿐만 아니라 사회 공동체의 약화, 인간 존재 가치의 훼손으로 인한 자아감의 약화, 사회적 가치관의 급격한 변화로 인한 삶의 의미와 가치의 변화 등 수많은 요인을 만들어낼 수 있다. 따라서 경제적 궁핍이 자살률 증가의 직접적 원인이라는 시각은 한계를

22) 보건복지부 중앙자살예방센터. 2019. 『2019 자살예방백서』. 서울: 중앙자살예방센터. p. 24.

23) 이호성. 2003. 외환 위기 후 사회 공동체의 결속력 약화와 사회문제. 『담론 201』, 6(2). p. 80.

가질 수밖에 없다. 외환 위기가 해결되고 경제적 상황이 개선된 이후에도 한국 사회의 자살률은 오히려 증가하고 있다는 현실을 보더라도, 자실의 원인을 인과관계로서 파악하기 어렵다는 점을 알 수 있다. 이처럼 사회학적 관점에서 자살을 규명하려는 입장은 다양한 사회적 변화를 온전히 반영하기 어렵다는 비판을 받는다. 문화 공동체에서 일어나는 복잡한 요인들을 고려한다는 것이 그만큼 어렵기 때문이다. 그러나 기존의 경제 및 사회 구조가 해체되고 새로운 사회적 관계들과 혼란이 찾아오는 시기에는 자살도 증가한다는 것을 보여주고 있다는 점에서, 이러한 접근은 여전히 유의미한 것으로 받아들여지고 있다. 그럼에도 사회 변화 및 생활수준의 향상이 실제적으로 자살의 증감을 어느 정도로 반영하는지에 대해서는 좀 더 심층적인 연구가 요구된다.[24]

자살의 비사회적 요인과 사회적 요인에 대해 유럽 여러 국가의 수많은 사례를 연구해 통계학적으로 분석한 프랑스 사회학자 에밀 뒤르켐(Emile Durkheim)은, 1897년에 쓴 『자살론』에서 정신병, 인종, 유전, 기후나 위도 등과 같은 비사회적 요인이 전적으로 자살을 유발하지는 않는다고 주장한다. 그는 비사회적 요인들보다 종교, 결혼, 군대 생활, 경제위기 등과 같은 사회적 요인들이 자살에 얼마나 중요한 영향을 미치는지 자세히 분석한다. 이러한 뒤르켐의 분석에서 흥미로운 한 가지 예는 여성이 남성보다 정신병에 더 잘 걸리는 반면, 오히려 자살은 남성들이 훨씬 더 많이 한다는 사실이다. 정신병이 자살을 유발한다는 전통적인 주장과는 상반된 결과이다. 이 연구를 바탕으로 그는 여러 사회를 비교해 보았을 때, 정신병과 자살은 아무런 관계를 보이지 않는다고 주장한다. 여성이 남성보다 더 쉽게 정신병에 걸리는 것도, 남성이 여성보다 더 쉽게 자살하는 경향을 보이는 것도 단순한 신체적 차이 때문이 아니라 사회적 요인이 훨씬 더 중요하다. 그리고 특정 시기와 특정 사회에서 자살을 유발하는 사회적 요인들은 자살을 바라보는 사회적 시각과도 밀접하게 연관된다.[25]

---

24) 주혜연. 2020. 앞의 논문. p. 104.

25) 강석주. 2021. 셰익스피어 비극에 나타난 자살과 젠더. 『Shakespeare Review』, 57(3): 325-352. p. 326.

이밖에도 이순주와 강상경(2021)[26]은 자살의 원인과 관계가 있는 개인 수준 요인(성별, 연령, 고용, 결혼상태)과 지역 수준 영향 요인(경제적, 인구 환경적, 사회 해체 요인)을 살펴보고 다음과 같은 결과를 도출한 뒤 적정 방안을 제언했다.

우선 성별에 대한 분석 결과, 남성은 경제 문제와 신체건강 문제로 인한 자살의 승산비가 정신건강 문제보다 높고, 여성은 정신건강 문제와 가족관계 문제로 인한 자살의 가능성이 높았다. 따라서 성별에 따라 자살 주원인의 차이가 있다는 연구 결과를 근거로 자살 예방 실천에 있어서도 성별에 따라 세분화된 접근이 필요하다고 제언했다.

이어서 연령의 영향에 대한 분석 결과, 자살 시점의 연령이 높을수록 정신건강 문제보다 신체건강 문제로 인한 자살의 가능성이 높고, 연령이 낮을수록 경제문제로 인한 자살의 승산비가 정신건강 문제보다 높았다. 연령이 낮을수록 신체건강 문제보다 정신건강 문제로 인한 자살의 승산비가 증가한다는 결과는 정신건강 문제로 인한 자살의 경우 한 가지 이상의 정신병리가 보고된 동시에 그것이 자살의 직접적인 원인이 된 경우이므로, 정신질환의 호발 연령이 보통 남성은 15-25세, 여성은 25-35세이기 때문에 노화와 관련이 높은 신체질환에 의한 자살보다 비교적 낮은 연령대에 포진되는 것으로 보인다. 또한 연령이 낮을수록 경제문제로 인한 자살의 승산비가 증가한다는 결과는 경제활동 인구 집단에서 정신건강 문제보다 경제적 위기 요인에 대해 취약성이 높기 때문으로 해석된다. 즉, 연령대별로 성취 과업과 맞물려 서로 다른 삶의 영역에서 자살 취약성이 발생하고 있다. 따라서 생애주기에 따른 성취 과업과 그에 대한 좌절에 대해 사회적 안전망을 촘촘히 구축하는 것이 가장 바람직한 자살 예방 대책이며, 개인의 기질이나 특성 원인에 천착한 단기적 해결 방법으로는 한계가 있다.

---

26) 이순주, 강상경. 2021. 자살의 주원인에 관한 개인 및 지역 수준의 요인 분석. 『정신건강과 사회복지』, 49(3): 84-110. pp. 101-104.

나아가 개인 수준의 고용상태 변수와 지역 수준에서 경제 및 인구 환경적 요인에 대한 분석 결과를 종합해 보면, 자살 사망자가 경제활동 상태였던 경우 사망한 지역의 총생산과 도시화율이 높은 경우에 경제문제로 인한 자살의 승산비가 정신건강 대비 높았다. 반면, 자살 사망자가 비경제활동 상태였던 경우 사망한 지역의 빈곤률과 인구밀도가 높은 경우에는 정신건강 문제로 인한 자살의 승산비가 경제문제 보다 높았다. 이러한 수치의 질적 해석에 있어 전자의 경우는 근로 빈곤에 대한 연구를, 후자에 대해서는 절대적·지속적 빈곤에 관한 연구 결과를 적용하여 설명할 수 있다.

　마지막으로 가족해체 상태에 관한 분석 결과, 자살 사망자가 이혼·별거·사별을 경험한 경우와 지자체의 조이혼률이 높을수록 경제문제로 인한 자살의 승산비가 정신건강 문제보다 높았다. 1인 가구 비율은 자살 주원인과의 관계에서 유의미한 결과가 나타나지 않은 것으로 미루어 보아, 가족해체의 양상 중에서도 가족을 형성하고 그것이 해체되는 경험과 경제적 조건이 밀접하게 연관되어 있다고 볼 수 있다.

3) 기타

　이밖에도 자살의 원인에는 연애(사랑), 부끄러움과 중상모략(치욕), 명예, 충성심과 신념, 정치적 위기, 파산과 빈곤, 부당한 처우에 따른 정신적 고통, 정신질환들, 미신과 주술, 범죄를 감추기 위한 것 등 매우 다양하다.

5. 자살의 과정

자살은 자살하고자 하는 의사를 구체적으로 갖고 계획하는 예비단계, 자살 의사결정 확정 및 자살을 실행하는 실행단계, 그리고 죽음에 이르는 결과를 가져오는 최종 단계의 순서를 갖는 일련의 과정으로 진행된다.[27]

6. 자살의 유형[28]

1) 접근이 용이한 몇 가지

환경, 도시화 등의 문화적 요인과 자살에 사용할 도구를 손에 넣기 쉬운가 그렇지 못한가 하는 물리적인 요인이 자살자들에게 커다란 영향을 미치는 것은 분명하다. 숲 근처에서는 목매어 자살하는 사람이 많고, 도시 한 가운데에서는 투신 자살하는 사람이 많다. 1982년의 통계에 따르면 스톡홀름에서는 음독 자살의 경우가 많았던 반면, 로스앤젤레스에서는 자살자의 44%가 총기를 사용했다. 오스트리아에서는 총기를 입수하기 어렵기 때문에 수도 빈의 경우 총기를 사용하여 자살한 사람은 전체 자살자의 4%에 지나지 않았다.

가스를 틀어놓고 자살하는 사람도 있다. 빈에서는 1990년대 중반까지만 해도 가스 중독 자살이 전체 자살의 38%를 차지했었다. 그러나 캘리포니아에서는 거의 제로에 가까웠다. 그곳에서의 가정용 가스는 치사적이지 않고 폭발성이 있기 때문이다. 영국에서는 1960년대에는 가스 흡입으로 인한 질식사가 전체 자살의 60%를 차지했지만, 가정용 가스 설비가 달라진 요즈음 이 방법을 쓰는 사람은 거의 없다.

---

27) 안용민. 2013. 자살예방 및 정신건강증진을 위한 정책방안. 『보건복지포럼』, 제200호: 2-5.

28) 마르탱 모네스티에 저, 이시진·한명희 역. 2002. 『자살』. 서울: 새움. pp. 17-41.

사모아 제도에서는 1980년대에 자살이 경이적으로 급증했다. 그것은 사모아 사람들이 강력한 제초제를 쉽게 입수할 수 있었기 때문이라고 보웨스 교수는 지적하고 있다. 이 독약의 입수를 제한하자 자살률은 현저하게 저하했다. 또 인산(燐酸)으로 만든 살충제를 손쉽게 구할 수 있는 스리랑카에서는 자살자의 75%가 이것을 쓴다.

보통 자살자는 자기를 죽음으로 몰고 간 원인과 직접적으로 관계가 없는 방법을 선택하지만, 이 두 가지가 결부된 경우도 있다. 강박관념에 사로잡힌 절망자가 어떤 것에 대해 깊이 생각하던 중 그것을 죽음의 도구로까지 받아들이게 된 경우를 생각해 볼 수 있다. 철학자 엠페도클레스가 에트나 화산에 몸을 던지기로 한 것은 자신이 화산 활동에 대해 설명해 낼 수 없다는 사실에 절망했기 때문이고, 아리스토텔레스가 에우로페 해협에서 투신 자살한 것은 조수간만의 차에 대해 설명할 수 없었기 때문이다.

또 어떤 것에서 강한 인상을 받고 그 인상에 따라 죽는 사람도 있다. 1911년에 발생한 한 의학총서에 따르면, 베네치아에서 구둣가게를 했던 마치 루바는 십자가에 못 박혔던 그리스도처럼 되려고 2년간을 준비했다. 모든 준비가 완전히 끝나자 그는 가시면류관을 쓰고 양손을 땅바닥에 대고 긴 대못을 박아 구멍을 낸 뒤, 왼쪽 옆구리를 칼로 찌르고 못질한 양 손발을 미리 만들어 놓았던 십자가의 구멍에 집어넣었다. 물론 그 십자가도 자기가 직접 만든 것이었다. 그리고 밧줄을 사용해서 자기 집 창에서 바깥으로 내걸어 마치 길에 매달린 듯한 상태로 죽었다.

2) 성별에 따라 다른 자살 방법

나이, 지위, 직업, 성별, 그리고 그 밖의 많은 상황이 삶을 버리고 가는 방법에 영향을 미친다. 1959년, 유명한 땅꾼의 미망인이 슬픔에 빠진 나머지 남편이 생전에 특별히 아끼던 독사가 들어있는 통에 손을 넣어 죽으려 했던 일도 있다.

목숨을 끊기 위해서 남성은 총기 같은 절대적으로 확실한 방법을 사용하는 경우가 많은 데 반해, 여성은 약이나 독을 더 선호한다. 자살하려는 여성의 3/4 가량이 이 방법을 쓴다. 따라서 자살 성공률은 남성 쪽이 여성 쪽보다 세 배나 높다. 그러나 54세 이상의 여성은 약물을 사용하지 않고 목을 매거나 물에 뛰어들거나 높은 곳에서 뛰어내리는 등의 난폭한 방법을 택하는 편이라는 점도 지적해 두어야겠다. 여성이 칼과 권총에 혐오감을 느낀다는 것은 이해할 수 있다. 여성은 일정한 나이가 지나면 투신 자살을 선호하게 되는데, 이것은 자살학자의 설명에 따르면 스스로 자신의 몸에 손을 댈 필요가 없기 때문이라고 한다.

1969년의 통계를 보면, 고층 건물이 점점 늘어나고 있기 때문에 투신 자살이 증가하고 있다는 것을 알 수 있다. 남성들도 질식사보다 투신 자살을 많이 택하고 있다. 여성이나 청소년들이 자살 방법으로 투신을 택하는 경우가 남성, 성인에 비해 3배나 많다. 투신 자살하는 사람이 이렇게 늘어났음에도 불구하고, 아직까지도 자살자의 대부분은 약물의 도움을 빌리고 있다.

자살률이 가장 낮은 것은 기혼 여성이고, 반대로 가장 높은 것은 미망인, 그 다음이 이혼 여성, 별거인 순이다.

3) 민족에 따라 다른 자살 방법

자살하는 방법은 지역과 나라에 따라 가지각색이지만, 민족의 전통에 따라 혹은 그 나라의 형편에 따라 많이 사용되어온 방법이 있는 것 같다. 예를 들면, 스웨덴, 노르웨이, 덴마크에서는 상대적으로 익사하는 사람이 적다. 스페인과 이탈리아에서는 질식사가 많고, 독일과 프랑스에서는 목매에 자살하는 경우가 많다. 영국에서는 수세기 전부터 익사와 교사는 감소하고 칼의 사용이 현저히 증가하고 있다. 이와는 다르게 아프리카에서는 무기를 사용하는 경우는 매우 드물고, 음식물을 거부하는 종교적인 의식에 따라 하는 경우를 제외하면 목매어 자살하는 경우가 가장 많다. 그 다음으로 익사로 인한 자살이 많이 일어나지만 목매어 자살하는 사람의 수에는 미치지 못한다. 예를 들면 탄자니아, 우간다, 콩고, 가봉, 그리고 세네갈에서는 목매어 자살하는 것이 전체 자살의 53% 이상을 차지하고 있다. 아마도 그 이유는 아프리카 사람들이 피를 흘리지 않으려고 하기 때문이거나 혹은 종교적 관념(나이지리아와 다오메 사람들이 믿던 천둥과 번개의 신은 목을 매어 죽었다)이 그들의 의식에 깔려 있기 때문일 것이다.

전 세계를 통틀어 보면 총포류에 의한 자살, 목을 매다는 자살, 음독 자살이 전체 자살의 40-60%를 차지하고 있다. 물론 이것은 세계보건기구에 믿을 만한 자료를 제공한 나라의 것만을 대상으로 한 것이다.

4) 계절에 따라 달라지는 자살 방법

자살이 계절과 관계가 있다는 점에 주목한 사람도 있다. 유럽에서는 익사와 교사가 7월에 많고, 10월에 다시 증가한다. 질식은 3월과 4월에 특히 많다. 총기를 제일 많이 사용하는 것은 8월이고, 투신, 음독, 칼에 의한 자살은 6, 7월이 정점을 이룬다.

5) 여러 자살 방법들

① 교사(絞死)
어느 시대에나 유행하는 자살 방법이 있지만, 옛날부터 가장 많이 사용 되었던 방법은 목매달아 죽는 것이다. 현대에도 자살자의 반 가량은 이 방법을 쓴다.

목매어 자살하는 것의 첫 번째 특징은 목을 매는 재료가 다양하다는 것이다. 가장 쉽게 구할 수 있는 것은 당연히 밧줄이지만, 그 외에도 넥타이, 손수건, 천 조각, 신발 끈, 허리띠, 철사, 멜빵 등이 이용된다.

② 익사

세계 어느 곳에서나 크든 작든 물줄기는 흐르고 있다. 그 물줄기가 절망에 빠진 사람들을 끌어들인다. 익사는 집 밖에서 자살하는 사람이 목매달아 죽는 것 다음으로 제일 많이 사용하는 방법이다. 익사를 하려는 사람이 특히 좋아하는 곳은 큰 강과 호수, 바다와 저수지, 풀장, 욕조로 크게 나눌 수 있다.

③ 절단

자살하려는 사람들이 모두 목을 매거나 물에 뛰어드는 것은 아니다. 자살 방법은 얼마든지 있기 때문이다. 칼로 자살하려는 사람도 있다. 그러나 칼을 사용할 때는 일종의 요령과 정확함이 필요한데, 그런 요령과 정확도를 모든 사람들이 가지고 있는 것은 아니다. 칼로 자살하려는 사람들이 제일 선호하는 것은 나이프이고, 그 다음이 면도칼, 단도, 육절포, 메스, 가위, 총검, 환도, 각종 금속을 연마한 것, 유리 파편, 그리고 직접 만든 칼 모양의 도구 순이다.

④ 음독

독약을 신봉하는 사람은 아주 옛날부터 있어왔다. 고대에 이미 보급되어 있었고, 소크라테스에 의해 그 이름이 영원히 남게 된 독당근을 추출한 식물은 얼마 전까지도 유럽에서 적잖게 만들어지고 있었지만, 지금은 완전히 없어졌다.

현대의 음독 자살자는 현대의학이 만들어 낸 모든 종류의 의약품을 사용한다. 자살하려는 사람이 한 가지 약만을 마시는 일은 드물다. 음독 자살 4건 중 3건은 2, 3 종류의 독을 섞어서 마신다.

음독 자살의 중요한 특징 중 하나는 음독에 사용되는 약품이 시대에 따라 변화한다는 것이다. 옛날에는 앞서 얘기한 독당근, 신경계를 손상시키는 히요스, 심장을 손상시키는 트리카부토 또는 스트라키닌에 가까운 마전(馬錢 : 마전 종자에서 얻은 약. 소량을 강장,

흥분제로 쓰며 독성이 강하여 쥐약으로도 쓰였음)이 사용되었다. 다음에는 독버섯에서 추출한 물질, 그 다음으로는 염기성 초산동을 사용했다.

1950년대 이후에는 식물 화학적인 독극물은 거의 만들어지지 않았고, 대신 현대 의학기술이 만들어낸 수없이 많은 약품들이 등장했다. 이를테면 신경이완제, 시안화물, 인슐린, 칼륨 앰플, 그리고 각종 신경 안정제, 항우울제, 수면제, 진통제 등인데, 이것들이 수많은 사람들을 저 세상으로 보냈다. 음독의 가장 중요한 특성은 그것이 많은 사람을 한꺼번에 죽일 수 있다는 점이다.

⑤ 섭취

음독이 중독을 일으키는 것이라면 아무 것이나 집어 삼키는 것은 생명 기능을 방해하는 것인데, 이것은 음독보다 치명적이며 그 재료도 무제한 적이다.

⑥ 질식

질식을 신봉하는 사람도 있다. 탄소를 사용해 자살하려 했던 사람은 수도 없이 많다. 또 가스를 틀어 놓고 불을 붙여 자신의 집과 빌딩을 날렸다는 기사가 정기적으로 신문의 1면을 장식하고 있다.

가끔 차고를 닫아놓은 채 차의 시동을 걸어 이산화탄소에 질식해 죽으려는 괴짜도 있다. 이 방법은 시간이 오래 걸리고 고통스러운 것일 뿐, 효과가 불확실하다. 또 자동차 엔진의 배기량과 엔진의 제어 장치에 따라 효과가 달라진다.

1950년대 이후 널리 행해지고 있는 또 다른 질식 방법은 머리에 비닐봉지를 쓰고 봉지 끝을 묶어버리는 것이다.

⑦ 화기

 총포류에 의한 자살은 그 총기가 어떤 모양의 것이든, 어떤 구경의 것이든 가장 빠르고 확실한 방법이다. 그러나 이것은 일반적으로 많이 쓰이는 방법은 아니다. 유럽의 경우에는 총포류에 의한 자살자가 익사자나 교사자보다 적다. 그러니 미국을 비롯한 몇 나라에서는 이야기가 다르다. 미국에서는 일반 시민들이 믿기 어려울 만큼 많은 총포류를 소지하고 있기 때문에, 자살할 때도 가장 많이 이용되는 것이 바로 이 총포류다.

 총포류를 사용하는 자살자는 대부분 자기 집에서 일을 해치운다. 보통 가장 후미진 방이나 어두운 방을 이용한다. 이런 현상에 비추어 볼 때 사람들은 밤에 많이 자살할 것 같지만 사실은 그렇지 않다. 해가 뜬 후에 머리를 날려버리는 자살자들이 적어도 두 배는 된다. 자기 집 밖에서 자살하는 사람에게 가장 매력적인 곳은 묘지다. 공원도 해마다 지지자들이 늘어나고 있지만 지하와 교회만큼은 아니다. 가장 사람들 눈에 띄기 어려운 장소를 찾는 이들도 있다.

⑧ 투신

 아주 오래 전부터 투신 자살은 언제나 자살을 결심한 많은 사람들을 유혹해 왔다. 잘 알고 있는 것처럼 수십 년 전부터 건축물이 점점 높아지면서 투신 자살 또한 현저한 숫자로 증가하고 있다. 죽기 위해 몸을 던질 때는 대부분의 경우 3층 높이에서 뛰어내리는 것만으로도 충분하다. 그러나 이상하게도 대부분의 자살자들은 건물의 꼭대기로 가서 죽고 싶어 한다. 이런 고집스러운 편애를 막기 위해 얼마 전부터는 건물에 여닫이창을 없애고, 옥상도 열쇠가 없으면 들어가지 못하게 하고 있다. 투신 자살자들이 아무 문제도 없이 들어갈 수 있는 공공건물을 자살 장소로 택하는 이유 중의 하나도 바로 이 때문이다.

 투신 자살에는 다른 자살 방법에서는 찾아볼 수 없는 특징이 있다. 전차나 트랙터 등 움직이는 것에서 뛰어내리거나 탈것과 함께 침몰하는 방법이 있다는 것이다. 후자의 경우 관광용 비행기와 자동차가 자주 이용된다.

⑨ 분신

일찍이 불에 의한 자살이 일어나게 되었던 것은 대부분이 그 실제적인 효과 때문이다. 사실 이 방법은 자기가 좋아하는 모두를 함께 태울 수 있다는 장점이 있다.

분신 자살은 동양에서는 명예로운 것으로 간주되어 왔지만, 서양에서는 1963년 3월 이전까지는 드문 일이었다. 주목할 만한 것은 분신 자살의 경우 대부분 사회나 국가의 정의를 요구하며 일어난다는 점과, 분신하는 사람이 자신의 몸에 가솔린을 끼얹고 불을 붙인다는 점이다. 가솔린 이외의 연료를 사용하는 경우도 있는데, 연료용 알코올과 신나 등도 사용된다. 분신 자살은 그 방법 또한 다양한데, 어떤 사람은 불을 붙인 채 차 문을 닫기도 하고, 또 어떤 사람은 온몸에 합성섬유로 된 옷을 걸치고 가슴에 묶어 두었던 짚단에 불을 붙이기도 한다.

⑩ 달리는 교통수단에 몸을 던짐

20세기, 특히 후반기에는 과학기술이 발전함에 따라 새롭게 응용된 자살 방법들이 대거 등장했다. 네 마리 말이 끄는 전차(戰車) 밑으로 몸을 던지던 시대를 지나 합승마차나 삯마차 밑으로 몸을 던지던 시대를 거쳐, 오늘날에는 기차나 지하철 같은 열차가 자살하려는 사람들에게 인기를 끌고 있다.

⑪ 동물을 이용한 자살

전 세계 동물원에서는 우리 안으로 뛰어 들어가 성난 동물에게 몸을 맡기는 불행한 인간들이 매년 나타난다. 몸을 맡기는 대상으로 가장 인기 있는 것은 호랑이와 곰이지만, 사람들은 보통 자기의 감성과 개성에 맞는 동물을 선택하곤 한다.

⑫ 살인 기구

정신이 깊이 병든 사람들은 독특한 자살 방법을 개발해내기도 한다. 그런 이들은 보통 사람은 상상도 할 수 없는 기묘하고 잔혹한 방법을 사용하는 경우가 많다.

일례로 20세기 전반에는 다이너마이트와 TNT 화약에 의한 자살이 많았다. 자살하려는 사람 중에는 폭발하는 벨트를 만들어 매거나, 작으면서도 강력한 폭약을 치아 사이에 끼워 넣는 식의 기발한 상상력을 발휘하는 사람도 있었다.

⑬ 타인의 도움에 의한 자살

자살을 실행하는데 다른 사람의 도움을 빌리는 일은 평범한 일이 아니다. 그러나 그것은 사람들이 보편적으로 생각하는 것처럼 그렇게 이상하거나 분별없이 함부로 행해지는 것만도 아니다.

7. 자살 예방 대책

자살은 존재와의 단절이라는 극단적인 행위이며, 사회와 집단에 충격과 영향을 준다.[29] 따라서 적절한 예방 대책 마련이 필요한데, 다음은 그에 대한 실질적 예시들을 정리한 것이다.

1) 자살 예방 조치 수준[30]

① 1차적 자살 예방 : 건강한 사람들을 대상으로 하며, 자살을 유도하는 사회적 조건을 개선하여 자살 의도를 사전에 예방하는 것을 의미한다.

---

29) 김왕배. 2010. 자살과 해체사회. 『정신문화연구』, 33(2): 195-224.

30) 이정은, 유지영. 2021. 뉴스 빅데이터를 활용한 한국의 자살현상 분석. 『한국콘텐츠학회논문지』, 21(3): 33-36.

② 2차적 자살 예방 : 자살 생각이 있는 사람들을 대상으로 하며, 자살 의도를 중단시키기 위한 개입을 의미한다.

③ 3차적 자살 예방 : 자살을 시도하고 만성적인 자살 위험에 처한 극소수의 사람들을 대상으로 하며, 자살 확률을 경감시키기 위한 조치를 의미한다.

2) UN[31]

UN은 '자살 예방을 위한 국가 전략 개발'에서 자살 예방을 위하여 정신질환에 대한 대책 수립과 함께 사회적 연대와 책임감을 강조하였고, 보건에 대한 투자 확대, 관련 분야와의 연계, 개인과 지역사회의 역량 강화, 정신건강 증진을 위한 기반 구조 마련 등을 포함한 포괄적인 국가 정책의 수립을 권고하였다.

또한 2017년 10월 9일 제네바에서 열린 유엔 사회권위원회는 여전히 높은 한국의 자살율과 근본적인 사회적 근본 원인을 다루기 위한 국가적인 노력이 부족하다고 우려를 표명하였다. 특히 교육 및 노동에서의 과도한 스트레스, 노인 빈곤, 그리고 성소수자와 같은 특정 집단이 겪는 차별과 증오 발언 등 사회적 근본 원인을 다루는 것을 포함한 자살 예방 노력을 강화할 것을 권고하였다.

3) 핀란드[32]

자살 예방 대책의 성공 사례로 꼽히는 핀란드의 국가자살예방프로젝트는, 국가 및 지방자치단체와 각 기관들에게 자살예방정책의 주제에 맞는 각각의 역할과 활동 영역을

---

31) UN. 1996. *Prevention of Suicide : Guidelines for the formulation and implementation of national strategies.*

32) 한국자살예방협회. 2007. 『자살의 이해와 예방』. 서울: 학지사.

구체적으로 설정하게 하고, 지역사회에 맞는 예방 활동을 수행할 수 있도록 지방자치단체의 독립적인 역할을 인정하여 중앙 정부와 협조하도록 하였다.

4) 일본[33]

일본의 자살예방정책은 중앙 정부, 지방자치단체, 사업자를 비롯하여 국민의 자살예방 의무를 명시하고 있으며, 자살 예방과 자살 유족에 대한 지원을 규정하고 있다. 사회 전체의 자살 위험을 감소시키기 위하여 적절한 정신보건의료복지서비스를 받을 수 있는 체계와, 어린이, 청소년의 자살과 노동자의 자살에 대한 대책을 강화하였다. 그리고 중앙 정부, 지방자치단체, 민간단체의 연계 체계를 강화했으며, 지역 단위의 자살예방대책을 추진하고 있다. 또한 자살대책기본법에서 중앙 정부로부터 예산 지원 등의 근거를 마련하고, 지역사회 자원을 동원하여 스크리닝 사업을 시행함으로써 자살 위험군을 조기에 발굴하고 치료하는 것이 특징이다.

5) 우리나라[34]

1997년 말 경제 위기의 여파로 1998년 인구 10만 명 당 18.4명으로 증가했던 자살 사망률이 2000년 13.6명으로 감소했으나, 그 이후 다시 증가하자 보건복지부는 2004년 12월에 제1차 자살 예방 5개년 기본 계획(2004-2008)을 수립했으며, 2005년 9월에 세부 추진 계획을 발표했다. 주요 사업 내용은 생명존중 문화 조성, 언론의 자살 보도 원고지침 보급 및 모니터링, 청소년 정신건강증진 및 자살 예방, 노인 정신건강증진 및 자살 예방, 우울증 및 자살 위험자 조기 발견 및 상담체계 구축, 자살 예방

---

33) 정진욱. 2018. 일본의 자살예방 대책. 『국제사회보장리뷰』, 4: 16-26.

34) 김정수, 김지은, 송인한. 2018. 2017년 광역자치단체 자살예방정책 : 제3차 국가자살예방기본계획 및 지자체 자살예방시행계획 수립매뉴얼을 기준으로 한 구성요소 및 세부과제 분석. 『보건사회연구』, 38(3): 580-610.

등 정신건강 상담 전화 운영, 자살 시도자 치료 및 사후관리, 자살 예방 인터넷 상담 운영, 자살 감시체계 구축, 교육·훈련, 자살 예방에 대한 연구 지원, 자살 관련 통계의 품질 개선이다.

이어서 제1차 국가자살예방 5개년 기본 계획이 법적 기반이 미비한 상태에서 보건복지부 주관으로 수립·추진되었다는 반성과, 정책에 대한 국민적 합의 및 사회적 공론화, 안정적인 재원 확보 등의 문제점에 대한 지적에 따라 2007년에 제2차 자살예방종합대책(2009-2013년)이 범부처적으로 수립되었으며, 이 계획 추진 기간 중 법적 기반으로서 「자살 예방 및 생명 존중 문화 조성을 위한 법률(자살예방법)」이 2011년에 제정되어 2012년부터 시행되었다. 주요 사업 내용으로 제시한 10대 과제는 자살에 대한 국민의 인식 개선, 자살 위험에 대한 개인·사회적 대응역량 강화, 자살에 치명적인 방법과 수단에 대한 접근성 감소, 자살에 대한 대중매체의 책임 강화, 자살 고위험군에 대한 정신보건서비스 강화, 자살 예방 인력에 대한 교육체계 강화, 자살 예방을 위한 법과 제도적 기반 조성, 자살 예방 서비스 제공을 위한 인프라 구축, 자살 예방을 위한 연구·감시 체계 구축, 근거 기반 자살예방정책 개발이다.

나아가 2016년 1월에 수립된 제3차 자살예방기본계획(2016-2020)은 자살로부터 안전하고 건강한 사회를 비전으로 제시하고, 2014년 인구 10만 명 당 27.3명이었던 자살률을 2020년까지 20.0명으로 감소시킨다는 목표를 설정하고 시행되었다. 제3차 자살예방기본계획의 10대 과제는 자살 관련 사회 인식 개선, 자살 예방을 위한 사회적 지지체계 마련, 자살위험환경 개선, 생애주기별 자살 예방 대책 추진, 자살 고위험군 지지체계 강화, 자살 위기대응 및 사후관리체계 마련, 지역사회 자살 대응 역량 강화, 정신건강 인프라 강화, 게이트키퍼 교육 등 자살 예방 인력 확충, 근거 기반 자살예방 연구 체계 마련이다.

8. 자살과 문학[35]

　문학의 역사는 우리에게 다양한 성격을 지닌 영웅들을 통해 논리적이고, 비이성적이고, 절망적이고, 영예롭고, 고상한 자살 이야기를 들려준다. 그 속에는 철학과 열정의 상호작용에 의해 행해진 자살 외에도 나약한 감정이나 조급함 때문에 행해진 자살도 있다. 자살이란 주제와 실제로 자살한 작가들을 보더라도 문학의 절반은 죽음을 다루고 있다.

　시인과 작가들 중에서 먼저 부름에 응한 사람은 얼마나 될까? 얼마나 많은 사람들이 성급하게 죽음을 찾아 나섰을까? 유구한 세월 동안 문학가들은 지속적으로 자살을 실천해왔다. 그렇게 죽어간 각 사람들은 당시 특별한 절망적인 상황과 대면하고 있었고, 자신의 죽음에 대한 나름대로의 내적 논리를 갖고 있었다. 자살로 생을 마감한 위대한 작가와 시인들은 자신들의 예술적이고 지적인 우수함을 펼치지 못하는 상황 때문에 고통스러워했을 수도 있다. 이것은 예술가들이 일반적인 생각을 하지 못할 만큼 진보된 정신 때문에 발생하는 필연적인 불균형일 수 있다. 쇼펜하우어는 다음과 같이 말했다. "재능이란 다른 사람들이 닿을 수 없는 어떤 목표에 도달하도록 잡아당기는 무엇이다. 천재는 다른 사람들이 심지어 바라볼 수조차 없는 어떤 목표에 도달하는 사람이다."

　사람들이 일반적으로 상상하듯이, 이 천재들은 자신들만의 고유한 한계들을 넘어서기 위해 모든 경우에 세상 규범을 벗어나 버린다. 그리고 천재들은 자신의 모든 열정을 바쳐서 점점 그들의 눈앞에 존재하는 세계의 모든 현실을 대체하는 단 하나의 유일한 목표를 향해 나아간다.

---

35) 마르탱 모네스티에 저, 한명희·이시진 역. 2008. 『자살 전서』. 서울: 새움. pp. 585-605.

또한 사는 동안에는 결코 찾아내지 못했던 고요함과 내적 평정에 직접 도달하기 위해 스스로를 파괴하는 천재 문인들도 있을 것이다. 사랑으로 인해 어쩔 수 없이 스스로 목숨을 끊는 것처럼, 자기 자신에게 강요되는 강박증적인 억압을 끊기 위해 찾아나설 수도 있을 것이다. 그들은 영원에 대한 질문으로 계속 마음속에 끓어오르는 열정을 지니고 있고, 이 같은 내적인 투쟁에서 자유로운 문학가들은 거의 없었다. 또한 거의 모든 문학가들이 사는 동안에 죽음을 욕망하면서도 고통스럽게 죽음에서 멀어지려고 노력했다는 것을 고백하고 있다.

루소도 자살에 대한 관심은 다르지 않았다. 그 역시 심한 고통이 찾아왔을 때 이승을 떠나고 말았다. 몽모렌시 호숫가를 친구 디드로와 함께 산책하면서 "내 삶을 끝내고 싶어서 스무 번이나 뛰어내리려고 했었던 연못이 바로 이곳이야!"라고 자기 심정을 털어놓았다. 루소의 죽음은 신비에 싸여 있다. 그는 정말 자살한 것일까? 사실은 정확히 밝혀지지 않았다. 자살에 반대하는 철학자였던 루소도 자살 신봉자가 된 것이다. "내 육체가 이제는 장애물이고 나의 휴식에 방해만 될 뿐이다. 가능한 한 빨리 이 삶에서 탈출하자." 스탈 부인은 다음과 같이 보고한다. "루소가 죽은 날 아침 그는 평상시처럼 건강한 상태로 일어났다. 그리고 마지막으로 태양을 봐야겠다고 밖으로 나갔다. 우리들은 그의 말에 좀 놀랐지만 질문은 하지 않았다. 그는 평소와는 달리 스스로 커피를 한잔 타서 마시고 산책을 한다며 밖으로 나갔다. 그리고 몇 시간 후에 다시 돌아왔는데, 그때 갑자기 심하게 고통스러워했다. 사람들이 달려왔지만 그는 정중하고 단호하게 도움을 거절했다. 그날 그는 그렇게 죽은 것이다."

어떤 사람들은 자신의 삶에서 상당히 오랜 시간 동안, 문자 그대로 죽음에 대한 생각의 포로가 되는 지점에서 혼미해지기도 한다. 죽음에 관한 생각은 사람들의 생각과 생활과 일의 균형을 망가뜨린다. 이런 사람들은 오직 믿음으로만 죽음의 강박관념에서 자유로워질 수 있다.

러시아의 유명한 문학가 톨스토이는 심각한 윤리적인 위기를 맞게 된다. "삶의 의미란 무엇인가? 왜 사는가? 내가 하는 이 모든 일들이 무슨 소용이 있을까?" 행운이 그에게 재산과 건강과 가족의 행복과 비교할 수 없는 영광을 주었지만, 이 모든 것들이 그에게는 부조리하고, 메마르고, 헛되고, 비통하게 보였다. 그는 곧 자살을 꿈꾸게 되었고 죽기만을 바랐다. "나는 심연에 도달했다. 이제 내 앞에 죽음 외에는 아무 것도 없음을 본다. 행복하고 부유한 나는 더 이상 살 이유가 없을 것 같은 느낌이 든다." 그의 고백록에는 다음과 같은 말이 있다. "내 삶이 기대고 있는 어떤 것이 부러진 느낌이다. 내가 지탱할 만한 것이 아무 것도 남아 있지 않은 것 같다. 도덕적으로 내가 더 이상 살 수 없음을 느낀다. 하여 나, 이 행복한 사람은 방의 여러 가구들 사이에 있는 들보에 충동적으로 목매달지 않기 위해 밧줄을 숨겨버렸다. 그 방에서 매일 밤 나는 혼자 잠들었고, 삶으로부터 너무 쉽게 나를 떼어놓을지도 모르는 권총에 유혹 받지 않기 위해 더 이상 총을 들고 사냥을 나서지도 않았다."

그때부터 그의 일기와 기록들은 '내가 만일 산다면'이라는 세 단어로 시작되었다. 그는 인간의 본질과 우주와 인간과의 관계에 관심이 있었다. 그는 철학적인 문제들에 사로잡혀 있었다. 인간의 미래의 삶의 불멸성과 종말에 관한 질문들이 그의 모든 생각을 지배했다.

또 한 명의 러시아 천재 문인으로 도스토예프스키가 있다. 도스토예프스키는 자살이라는 극단적인 충동을 행동에 옮기지는 않았다. 그는 자기 스스로 성취할 수 있고 참기 힘들게 이끌리는 자살을 정당화하기 위해, 자기 파괴 행위를 명석하고 고요하며 무책임한 것과는 달리, 충만한 자유를 얻을 수 있다고 논증한다. 다시 말해 자살은 사람들이 죽기를 원한다면 왜 그런지 이유를 찾게 하는 한편, 각자 깨달은 이유들에 맞추어 신중하게 내려진 결정이라고 주장한다.

카프카는 자살은 자기 과거의 과오를 씻는 행위라고 설명한다. 1913년 출판된 그의 저작 『판결』에서 주인공 게오르그 벤데만은 자기 아버지로부터 다음과 같은 말을 듣게 된다. "죽을 시간을 정할 수 있기를 바란다. 너의 마음 깊은 곳에는 순수한 아이가 있지만 더 깊은 곳에는 악마가 있다. 바로 이 점 때문에 내가 너에게 물에 빠져 자살하라고 말한 것이다." 판결이 내려지자 게오르그는 참을 수 없는 기쁨과 일종의 환희 속에서 서둘러 자살했다. 마치 굶주린 사람처럼 난간 끝에 붙어 있다가 부모님께 사랑한다는 한마디를 마지막으로 남기고 강물에 투신했다. 그의 자살은 해방이었다. 카프카는 그 다음으로 게오르그와 자기 자신 사이에 존재하는 밀접한 관계와 작품 속에 있는 자전적인 다양한 요소들을 드러내었다. 그는 자기 자신을 완전히 순수한 악마라고 평가했다. 게다가 그는 물리적인 자살보다도 더 강한 자살, 즉 자신의 모든 글들을 파괴함으로써 도달하는 문학적인 자살을 꿈꾸었다.

여러 시인들과 작가들 중에서도 가장 예리한 성찰을 보여준 사람은 빅토르 위고였다. 그는 다음과 같이 말한다. "세상을 떠나는 시인, 깨어진 리라, 사라져버리는 미래를 보는 사람들에게 동정심이 이는 것은 확실하다. 그러나 사실 자살은 단지 휴식일 뿐이다." 이와 같이 안식을 찾아 수백 명이 넘는 사람들이 자살을 시도했다. 견딜 수 없는 나약함에 솔직해질 수 없었고, 가장 깊고 억압된 감정들로부터도 자유로워질 수 없었던 작가들에게 자살은 현세의 종결이자 도피이고 삶의 성취가 될 수도 있었다. 카뮈도 자살을 의도된 목적과 마음의 고요함 속에서 준비된 최후의 예술작품으로 보았다. 그는 "작가들은 죽을 수 있기 위해 글을 쓰는 사람이며, 자신의 글쓰기 능력을 미리 예상된 죽음과의 관계 속에서 파악하는 사람이다."라고 주장한다.

예로부터 사람들은 글쓰기와 죽음은 애매한 관계를 유지한다고 생각했다. 미셸 뷔토르는 자살과 글쓰기의 애매한 관계로부터 자살의 긍정적인 등가물을 추출해낼 수 없기 때문에, 글쓰기는 죽음으로 접근하는 것이라고 주장한다. 마찬가지로 글쓰기에 의해 오랫동안 '발효되고' 부화된 결과 단번에 감행된 자살이 운명의 십자로에 인어나 연인을 세우게 된다는 사실에 놀라서는 안 된다. 앙드레 지드는 다음과 같이 말했다.

"나는 문학으로 죽은 사람들은 벌써 자기 자신 안에 죽음을 내포하고 있다고 생각한다."

모든 문학가들이 자신의 삶을 단축시켰던 것은 아니다. 종종 작가에게는 유익하다고 알려진 한 현상-이 생을 버리고 더 나은 저 세상으로 가기 위한 자기 파괴 행위-을 피했던 작가들도 있다. 삶을 사는 동안 죽음과 가까워지고 싶은 유혹을 느낄 때에도 이들은 자기들의 절망, 강박관념, 영혼의 상태들을 자신들의 문학작품에 쏟아 넣음으로써 죽음을 극복하게 된다. 종종 작가들은 문학을 통해 자기들만의 독특한 실험을 하기도 하고, 심지어는 작품 속에 자기의 대변인을 설정해 자기 대신 죽음을 맛보게 하기도 한다. 베르테르에 대해 말하는 괴테, 마담 보바리의 이야기를 하는 플로베르는 주인공을 가리켜 "그것은 나다."라고 말하지 않고, 문학을 통해 삶과 죽음의 실체들에 관한 자신들만의 비전을 표현하지 않았던가?

첫 번째 자살

아동의 비자살적 자해 예방을 위한
독서치료 프로그램

아동의 비자살적 자해 예방을 위한 독서치료 프로그램

1. 프로그램 목표

2013년에 개정된 정신장애 진단 및 통계편람(DSM-5)에서는 추가적인 연구가 필요한 상태(Conditions for Further Study) 범주에, 자살 행동 장애(Suicidal Behavior Disorder)와 자살 의도를 동반하지 않은 자해 행동, 즉 비자살적 자해(Non-Suicidal Self-Injury: NSSI)를 구분하여 정의하고 비자살적 자해를 하나의 진단명으로 분류하였다. 이에 최근에는 비자살적 자해라는 용어의 사용이 일반화 되고 있으며, DSM-5에서 비자살적 자해의 개념이 추가된 것은 자해의 심각성과 예방의 중요성을 반영한다. DSM-5의 비자살적 자해 진단 기준에 따르면, 지난 12개월 중 최소 5일 이상 자해 행동을 해야 하며, 손톱을 깨무는 것과 같은 사소한 것이나 사회적으로 허용되는 행동(피어싱, 문신 등)은 포함되지 않는다. 또한 자살 의도가 없는 비자살 행동이어야 하고, 자해 행동이 자기보고 또는 실제로 반복적으로 관찰되어야 한다. 흔하게 시도하는 자해 방법은 피부를 긋거나 태우기, 신체를 때리거나 물기, 심각하게 긁기 등이다.[36]

---

36) Gratz, K. L. and Chapman, A. L. 2007. The role of emotional responding and childhood maltreatment in the development and maintenance of deliberate self-harm among male undergraduates. *Psychology of Men & Masculinity*, 8(1): 1-14.

비자살적 자해라는 자살의 의도가 없는 자해에 주목하는 것은 자해와 자살은 질적으로 다른 형태와 기능을 갖는다고 설명되기 때문이다. 특히 자해와 자살은 의도와 치명성에 있어서 다른 행위로 설명된다.[37] Gollust, Eisenberg와 Golberstein[38]은 자해는 적어도 자신의 삶을 끝내려는 시도는 아니라는 점에서 자살과 다른 개념이며, Favazza[39]는 자살은 치명성이 높은 단일한 방법으로 죽음을 선택하지만, 자해는 치사율이 높지 않은 다수의 방법을 택하는 보다 만성적인 행동으로 자해와 자살을 구분한다. 그 외에도 Muehlenkamp와 Keer[40]는 자살과 자해를 구분하는 몇 가지 특성을 설명하는데, 그 내용은 다음의 〈표〉와 같다.

〈표〉 비자살적 자해와 자살 시도 간의 차이

특성		비자살적 자해(NSSI)	자살 시도
의도/행동의 목적		· 심리적 고통으로부터 일시적 도피 · 자기/상황의 변화 추구	· 영구적으로 의식 단절/삶을 끝냄 · 참을 수 없는 심리적 고통에서 벗어남
방법의 치명성/심각성		· 낮음	· 높음
행동 빈도		· 높음(때론 100회 이상) · 반복적, 만성적	· 낮음(일반적으로 1-3회)
시도된 방법		· 다양한 방법	· 단일한 방법
인지적 상태		· 고통스러우나 희망은 있음 · 적응적 문제해결이 어려움	· 희망 없음, 무기력함 · 문제 해결이 불가능
결과/영향	개인적	· 안도감, 진정 · 일시적 고통의 감소	· 좌절, 실망감 · 고통의 증가
	대인관계적	· 타인의 비난, 거절	· 타인의 돌봄, 관심

---

37) 김수진. 2017. 비자살적 자해의 위험요인과 보호요인 개관. 『청소년학연구』, 24(9): 31-53. p. 32.

38) Gollust, S. E., Eisenberg, D. and Golberstein, E. 2008. Prevalence and correlates of self-injury among university students. *Journal of American College Health*, 56(5): 491-498.

39) Favazza, A. 1996. *Bodies under siege: Self-mutilation and body modification in culture and psychiatry* (2nd ed.). Baltimore, London: Johns Hopkins University.

40) Muehlenkamp, L. L. and Keer, P. L. 2009. Untangling a complex. web: How non-suicidal self injury and suicide attempts differ. *Prevention Research*, 17. p. 10.

비자살적 자해의 유병률에 대해서는 연구자들 간 다양한 의견이 있다. 10대 초반에 시작되어 10대 후반에 가장 높은 유병률을 보인다는 연구, 12-17세에 시작되어 청소년 중기까지 지속되다가 청소년기 이후 유병률이 낮아진다는 연구도 있고, DSM-5에서는 20-29세에 자해 비율이 높다고 밝히고 있다. 이처럼 유병률에 대한 연구 결과는 차이가 있으나, 자해 시작 시기에 대해서는 공통적으로 청소년 초기를 지적하고 있다.[41]

그럼에도 청소년이 아닌 아동을 대상으로 독서치료 프로그램을 제안한 이유는, 우리 나라 「청소년기본법」에는 청소년을 9세에서 24세 사이의 사람으로 넓게 규정하고 있기도 하고, 또한 시대의 빠른 변화에 따라 예전에는 청소년기 이후에나 나타나던 현상들이 최근에는 아동기에도 나타나고 있기 때문이다. 따라서 이미 예방의 목적을 갖고 있는 독서치료 프로그램을 바탕으로, 비자살적 자해 예방도 아동기 때부터 일찍 시작한다면 더 도움이 될 것 같은 생각도 작용을 했다. 이에 본 프로그램은 참여 대상을 아동으로, 더불어 종합목표는 비자살적 자해 예방으로 설정을 하였다.

❖ 2. 프로그램 구성 ❖

유형에 따라 빈도와 강도가 다른 자해의 치료를 위해서는 신중한 개입이 필요하며, 자해 행동에 대한 이해를 바탕으로 적절한 관리와 치료를 해야 한다. 반복되는 자해를 통한 자극의 약화는 자해 행동을 강화시키므로, 심각한 수준의 만성적 자해뿐만 아니라 낮은 수준으로 반복되는 초기의 자해에서부터 면밀히 신경을 기울여 치료를 계획해야 한다.[42]

---

41) 김민지. 2021. 『비자살적 자해를 하는 청소년 환자의 MMPI-A 프로파일 특성』. 석사학위논문. 대구대학교 재활과학대학원 재활심리학과 심리치료전공. p. 5.

42) 정여지. 2020. 『비자살적 자해자의 인간중심 미술치료 경험과 함께 살아가기』. 석사학위논문. 건국대학교 대학원 문학·예술치료학과. p. 13.

비자살적 자해는 주로 정서를 조절하기 위한 행동으로 알려져 있다. 비자살적 자해 행동 이후에 일시적으로 부정 정서가 완화되는 경험을 하게 되는데, 이는 정서를 조절하기 위해 자해를 반복하게 하는 부적 강화를 이끈다.[43] 비자살적 자해를 경험하는 개인은 죽고자 하는 목적보다는 고통스러운 감정에 대해 기분을 전환하거나 제어하기 어려운 정서를 완화하려는 대처 전략으로 자해를 사용한다.[44] 비자살적 자해는 일시적으로 개인에게 부정 정서를 완화하는 정서 조절의 기능을 제공하지만, 장기적으로는 역기능적인 정서 조절 전략이며, 부정 정서를 조절하려는 목적으로 자해를 시도하지 않도록 하기 위해서는 정서 조절을 개선하는 것이 매우 필요하다.[45]

사람들은 어떤 상황과 자극이 주어지면 그것에 대해 해석 및 평가를 한다. 나아가 평가의 결과는 특정 정서와 함께 생리적 반응과 행동 경향성도 유발한다. Gross가 제시한 정서 조절 모델[46]은 이 과정에 따라 조직화 되었는데, 크게 정서가 발생하는 상황에 초점을 두고 조절하는 방법인 상황 초점적 조절, 정서를 유발시키는 해석과 평가에 초점을 두고 조절하는 방법인 인지 초점적 조절, 정서로 인해 발생한 생리적 반응에 초점을 두고 조절하는 방법인 반응 초점적 조절과 같이 총 세 가지로 구분할 수 있다.

이상의 내용을 바탕으로 구성된 본 프로그램은 총 12세션이며, 초등학교 고학년 학생(5-6학년)들이 참여 대상이다. 세션 당 운영 시간은 90분이고, 비자살적 자해 행동을 하는 아동들의 부정적 정서 조절이 종합목표이다. 세션 별 세부목표, 선정된 문학작품과 관련 활동을 종합적으로 구성한 독서치료 프로그램의 세부 계획은 다음의 〈표〉에 담겨 있다.

---

43) Klonsky, E. D. 2009. The functions of self-injury in young adults who cut themselves: Clarifying the evidence for affect-regulation. *Psychiatry research*, 166(2): 260-268.

44) Briere, J. and Gill, E. 1998. Self mutilation in clinical and general population samples: Prevalence, correlates, and functions. *American journal of Orthopsychiatry*, 68(4): 609-620.

45) Franklin, J. C. et al. 2012. Nonsuicidal self-injury and diminished pain perception: The role of emotion dysregulation. *Comprehensive Psychiatry*, 53(6): 691-700.

46) Gross, J. J. 1988. The emerging field of emotion regulation: An integrative review. *Review of General Psychology*, 2(3): 271-299

〈표〉아동의 비자살적 자해 예방을 위한 독서치료 프로그램 계획

세션	세부 목표	문학작품	관련 활동
1	마음 열기	도서 : 악몽을 먹고 자란 소년	프로그램 소개, 집단 서약서 작성, 자기 소개하기
2	상황 초점적 조절 1 – 상황 선택	도서 : 행운을 찾아서	사다리 타기 게임
3	상황 초점적 조절 2 – 상황 수정	도서 : 내가 할게!	STOP 기술 적용해 보기
4	인지 초점적 조절 1 – 긍정적 재평가	도서 : 미움	긍정적 재평가가 필요한 순간
5	인지 초점적 조절 2 – 역기능적 사고 평가	도서 : 나슬라의 꿈	THINK 기술을 바탕으로 역기능적 사고 평가하기
6	인지 초점적 조절 3 – 자기 대화 재구성	도서 : 우리 동네 꾹꾹도사	자기 대화법 연습
7	인지 초점적 조절 4 – 귀인 재구성	도서 : 핑퐁 클럽	착시 현상 분석하기
8	인지 초점적 조절 5 – 조망 확대	도서 : 나를 봐	사다리 오르며 보기
9	반응 초점적 조절 1 – 수용과 상징화	도서 : 나를 꼬옥 안아줘!	이미지 형상화
10	반응 초점적 조절 2 – 억제 및 회피하기	도서 : 도망치고, 찾고	무궁화 꽃이 피었습니다
11	반응 초점적 조절 3 – 표현하기	도서 : 우리 반에 곰이 있어요	이모티콘으로 표현하기
12	건강해진 나 살펴보기	도서 : 어느 날 문득 내게	지난 세션 돌아보기, 참여 소감 나누기 및 종결

1. 세부목표 : 마음 열기

『자해 청소년을 돕는 방법』[47]의 저자 '마이클 홀랜더' 박사가 임상 경험을 바탕으로 동료들과 함께 만든 변증법적행동치료(Dialectical Behavioral Therapy)는, 정서적으로 민감한 아이들에게 직접 다가가 아이들의 마음을 먼저 '수용'하고 '인정'하는 단계를 오가며 '변화'를 위한 해결책을 자유롭게 모색하는 치료법이다. DBT의 밑바탕을 이루는 중요한 가설은, 청소년들의 어려움이 스스로의 격한 감정을 조절하는 능력이 부족한 데서 온다는 것이다. 이는 프로이트 이후의 심리학자들이 개인의 행동 뒤에 숨겨진 상징적인 의미를 알아내는데 중점을 둔 것과 다르다. 아이들은 깨달음의 순간이 왔을 때조차도 그들의 문제를 극복할만한 감정적 기술을 갖고 있지 않다. 스스로를 싫어한다는 것을 이해한다고 해서 자해를 멈출 수 있지 않다는 것이다. 그래서 그는 청소년에게 자해가 어떤 기능을 하는지 인식하는 것이 자해를 멈추도록 돕는 새로운 이해의 출발점이라고 말한다.

DBT는 자해를 직접 표적으로 삼는다. 행동에 숨겨진 의도를 찾거나 아이와 다른 누구에게 행동의 원인을 막연한 동기로 돌리는데 시간을 쏟지 않는다. DBT는 아이가 자해를 할 때 그에게 어떤 목적을 이루어 주는지 직접 관찰하고, 같은 목적을 이룰 수 있는 다른 건전한 방법을 제시해 준다. 감정 조절 능력을 배우기 위해 제시하는 전략

---

47) 마이클 홀랜더 저, 안병은 역. 2017.『자해 청소년을 돕는 방법』. 홍성: 그물코.

들이 있다. 먼저 모든 감정 조절 전략은 어떤 감정에 대한 명명과 확인을 통해 시작되며, 우리의 느낌을 받아들이고 인정하는 데서부터 시작한다는 점이 중요하다. 감정에 휩쓸리게 하는 뇌 부위 보다 상황을 재분석하는 논리적 사고와 이성을 담당하는 뇌 부위를 활성화 시키는 감정 조절 능력은 건강에 절대적으로 중요하다. 이러한 감정 조절 전략으로는 감정을 관찰하고 묘사하기, 사실 확인하기, 스스로에게 다른 이야기를 하기, 느낌에 반대되는 행동하기, 주의 돌리기 등이다. 각각의 전략에서는 'STOP'이나 'THINK' 등 DBT 치료법에 적용하는 기술들을 활용한다.

심리평가는 개인의 인지적, 정서적, 행동적 특성을 객관적으로 확인할 수 있는 근거를 제시해 주기 때문에, 치료에 앞서 실시되는 경우가 많다. 그런데 대학생 및 성인에 비해 아동 및 청소년의 비자살적 자해 평가를 위한 척도 연구는 활발하지 않은 편이다. 따라서 다음에 소개할 척도를 수정 보완하는 등의 방법을 사용하는 것도 좋겠다.

우선 김소정 등[48]은 '한국판 자해 척도(K-SHI) 타당화 연구'에서, 비자살적 자해는 다양한 임상적 상태와 관련하여 나타나는 심각한 문제 행동으로, 스스로를 방치하거나 자기 패배적 사고를 하는 등 수동적이고 간접적인 방법부터 자신의 신체를 해치는 적극적이고 직접적인 행동에 이르는 넓은 스펙트럼으로 나타날 수 있기 때문에, 임상장면에서 비자살적 자해에 대한 관심이 증가하고 있다고 하였다. 하지만 이를 객관적으로 측정하기 위한 측정 도구의 개발 및 타당화는 미진한 것이 사실이어서, Sansone, Wiederman과 Sansone(1998)에 의해 개발되어 국내외에서 비자살적 자해의 평가에 가장 널리 쓰이고 있는 자해 척도(Self-Harm Inventory, SHI)를 우리말로 번안하고 타당화 하면서, 총 317명의 대학생들을 대상으로 탐색적 요인 분석을 통해 척도의 요인 구조를 살펴보고, 심리 측정적 속성에 대해 확인하였다. 분석 결과, 한국판 자해 척도(K-SHI)는 1요인 구조를 가지고 있으며, 적절한 신뢰도와 타당도를 가지

48) 김소정 등. 2019. 한국판 자해 척도(K-SHI) 타당화 연구. 『인지행동치료』, 19(2): 205-228.

고 있는 것으로 확인되었다. 또한 경계성 성격장애에 대한 예측 타당도도 양호한 것으로 나타나, 향후 비자살적 자해와 경계성 성격장애 분야에서의 연구에 효과적인 선별 도구로서 사용될 수 있음이 시사되었다고 밝혔다.

이어서 추은정과 이영호[49]는 비자살적 자해의 기능을 측정할 수 있는 도구인 자해 척도(Inventory of Statement About Self-injury, ISAS)를 번안하고 타당화 하기 위해, 총 550명의 대학생과 일반인을 대상으로 자해 척도, 자해 기능 평가지, 자살 사고 척도, 한국형 성격장애 진단 검사의 경계선 성격장애 척도, 외현 불안 척도, 우울증상 척도를 실시하여, 자해 경험이 있는 197명의 자료를 분석하였다. 이후 자해 기능을 측정하는 척도에 대해 확인적 요인 분석을 실시한 결과, 2개의 상위 기능(개인 내적 기능, 사회적 기능)과 13개의 자해 기능 하위 요인을 확인하였으며, 적절한 수준의 신뢰도를 보였다고 하였다. 또한 타당도 검증을 위해 다른 척도와의 관계를 검토해본 결과 자해 척도는 자해 기능 평가지, 자살 사고 척도, 한국형 성격장애 진단 검사의 경계선 성격장애, 외현 불안 척도, 우울증상 척도와 높은 상관을 보였다고 한다. 이는 자해 척도가 심리 측정적으로 신뢰롭고 타당하다는 것을 지지해주는 결과이기 때문에, 이 척도를 통해 자해를 하는 동기를 구체적인 수준에서 파악할 수 있을 것으로 보인다고 하였다.

2) 문학작품
도서 : 악몽을 먹고 자란 소년 / 조용 글, 잠산 그림 / 위즈덤하우스 / 2020

매일 밤 끔찍한 악몽을 꾸던 소년은 마녀를 찾아가 원하는 것을 무엇이든 줄 테니 머릿속에 든 나쁜 기억을 모두 지워달라고 부탁한다. 그러자 소년은 더 이상 악몽을 꾸지는 않았지만 조금도 행복하지가 않았다. 붉은 보름달이 뜨던 밤, 약속한 대가를

---

49) 추은정, 이영호. 2018. 자해 척도(ISAS)의 한국판 타당화 연구. 『청소년학연구』, 25(11): 95-124.

받으러 마녀가 나타나자 소년은 자신이 행복하지 않다며 원망을 한다. 그러자 마녀는 아프고 고통스러웠던 기억, 처절하게 후회했던 기억, 남을 상처주고 또 상처받았던 기억, 버림받고 돌아섰던 기억, 그런 기억들을 가슴 한 구석에 품고 살아가는 자만이 더 강해지고, 뜨거워지고, 더 유연해질 수 있으며, 행복도 쟁취할 수 있다고 말한다. 또한 그러니 이겨내야 하며, 만약 그렇지 못하면 영원히 자라지 않는 어린애에 머물 것이라고도 말한다.

이 그림책은 2020년도 6월부터 8월까지 tvN에서 방영되었던 '사이코지만 괜찮아'라는 드라마 속 주인공이 쓴 책으로 등장하면서 많은 사람들에게 알려지게 되었다. 다소 괴기스러운 그림과 불행한 결말로 끝나는 이야기는 독서치료 문학작품의 선정 기준 가운데 하나인 '긍정적 주제'에 어긋나지만, 그럼에도 첫 번째 세션을 위해 이 그림책을 선정한 이유는 힘든 상황을 이겨내야 결국 행복하게 살 수 있는 메시지를 주기 위해서이다. 마침 이 프로그램도 그런 맥락으로 운영이 될 테고, 참여자들도 그런 의지로 왔을 테니 함께 노력해서 행복한 결말을 맺을 수 있도록 노력해 보자는 의도로 활용하면 되겠다.

3) 관련 활동

① 프로그램 소개

아동들의 프로그램 참여는 자발적 의지라기보다 부모님의 강권에 의한 경우가 많다. 따라서 자신이 참여할 프로그램이 어떤 내용인지 모른 채 오는 경우가 많기 때문에, 쉽지만 정확하면서도 상세한 설명이 필요하다. 또한 심리적 불안을 불러일으키기보다는 어렵지 않겠다, 재미도 있겠다, 나아가 도움도 되겠다는 인상을 심어주는 것이 중요하다.

② 집단 서약서 작성

서약서는 '약속을 이행하겠다는 다짐을 적은 문서'로, 집단 프로그램에 참여하면서 정해진 규칙을 잘 지키겠다는 측면의 스스로에 대한, 더불어 치료사와 집단원들과의 약속이라고 할 수 있다. 집단 서약서에는 '프로그램 시간에 늦지 않겠다.', '모든 세션에 성실히 참여하겠다.'와 같은 시간에 대한 측면과, '자발적으로 이야기 하고, 타인의 말은 경청하겠습니다.', '프로그램 참여 중에는 휴대폰을 끄겠습니다.' 등의 태도에 대한 내용이 주로 포함된다.

③ 자기 소개하기

비자살적 자해 경험이 있는 아동들은 우울을 동반하고 있을 가능성이 높다. 따라서 프로그램에 참여시키는 것, 특히 그들로부터 이야기를 이끌어 내는 것이 어려울 수 있다. 그럼에도 자기소개는 프로그램에 참여하고 있는 참여자 가운데 한 사람으로서의 존재를 치료사와 다른 참여자들에게 인식시킬 수 있는 기회이기 때문에, 모든 참여자가 임할 수 있도록 해야 한다.

자기소개의 방법으로는 본명이 아닌 별칭을 사용하게 하는 방법이 좋겠다. 가장 좋아하는 단어나 갖고 싶은 것, 되고 싶은 것, 가보고 싶은 곳 등 본인에게 좋은 느낌으로 기억되고 있는 낱말을 골라 별칭으로 정하게 해보자. 각자가 정한 별칭에 대한 의미는 발표를 원하는 사람부터 차례대로 밝힐 수 있도록 해, 서로에게 기억될 수 있도록 하면 된다.

세션 Session

1) 세부목표 : 상황 초점적 조절 1 - 상황 선택

우리는 살아가면서 끊임없이 선택을 해야 하는 상황에 놓인다. 따라서 가장 어려운 것이 선택이라고 할 수 있는데, 운이 좋게도 그것이 좋은 결과로 이어지면 다행이지만, 반대인 경우라면 자책감이 들면서 다음 번 선택이 더 힘들어질 수 있다.

'상황 선택'은 특정 정서를 유발할 것 같은 상황에 들어갈 것인지 말 것인지를 결정하는 것을 뜻한다. 아동들의 삶에 있어 가장 중요한 환경은 가정과 학교이기 때문에, 그 안에서 함께 지내는 사람들과의 관계 속에서 여러 상황들이 발생할 것이다. 따라서 그럴 때마다 상황 선택을 해야 할 텐데, 어떤 경우에는 선택지가 있는 것처럼 보이지만 사실은 그저 따라야 할 때도 있을 것이다.

상황 선택은 그 결과가 다양할 수 있다는 점과, 결과에 대한 원인이 내게도 있다는 의미를 담고 있다. 따라서 결국 상황에 대한 판단을 잘 한 뒤 적절한 선택을 하는 것 또한 아동 본인의 몫이라는 점을 일깨워 줄 필요가 있다.

2) 문학작품

도서 : 행운을 찾아서 / 세르히오 라이를라 글, 아나 G. 라르티테기 그림, 남진희 옮김 /

　　　　살림어린이 / 2017

　행운 씨와 불운 씨는 같은 아파트에 살지만 서로 모르는 사이다. 둘은 우연히도 동시에 휴가를 떠나는데, 목적지가 같다. 그런데 똑같이 당황스러운 상황을 맞이하지만 문제를 대하는 자세는 다음의 내용처럼 전혀 다르다.

　　　아침 일찍부터 자명종이 시끄럽게 울려댔습니다. 그렇지만 행운 씨는 서두르고 싶지 않았습니다. 차분히 움직이는 게 더 나을 때가 있지요. 그는 아침을 맛있게 먹은 뒤 짐을 꾸렸습니다. 가장 필요한 몇 가지만 조그만 가방에 챙겼어요. 떠나기 전에는 고양이를 돌봐 줄 이웃에게 들렀습니다. 그리고 이웃이 건넨 커피를 천천히 마셨습니다. 조금도 서두르지 않았어요. 실제로 행운 씨는 아주 느긋한 사람이었거든요. － 11p.

　　　불운 씨는 잠을 설쳤습니다. 침대를 빠져나오기가 무척 힘들었지요. 잠에서 깨기 위해 커피가 필요했습니다. "이럴 수가! 벌써 열 시가 넘었잖아!" 자명종이 맞춰 놓은 시간에 울리지 않았던 거예요. 이럴 때는 빛보다 더 빠르게 움직여야 하지요. "빨리요! 공항으로 갑시다!" 그가 택시 기사에게 소리쳤습니다. 택시는 영화에서처럼 끼이익 소리와 함께 달리기 시작했습니다. － 42~43p.

　과연 어떤 사람에게 더 많은 운이 따르게 될까? 이 그림책은 행운이라 여길 상황들도 결국 자신의 마음가짐에 따른 선택에 달려 있다는 이야기를 들려준다. 따라서 세 번째 세션의 세부목표에 부합되기 때문에 문학작품으로 선정한 것이다.

3) 관련 활동

① 사다리 타기 게임

이 게임은 이미 대부분의 사람들이 알고 있으며 가끔 직접 구성해서 활용할 정도로 대중적이다. 참여하는 사람의 수만큼 세로로 줄을 긋고, 그 사이사이에 가로줄을 그어 사다리 모양을 만든 다음, 위에서 아래로 선을 타고 내려가다가 교점을 만나면 꺾어 내려가면서 최종적으로 도달하게 된 곳의 결과에 따라 벌칙 따위를 정하는 게임으로, 순간의 선택이 행운과 불행을 가져올 수 있다는 맥락에서 선정한 활동이다. 게임의 예시는 〈관련 활동 2-1〉에 제시했다.

사다리 타기 게임

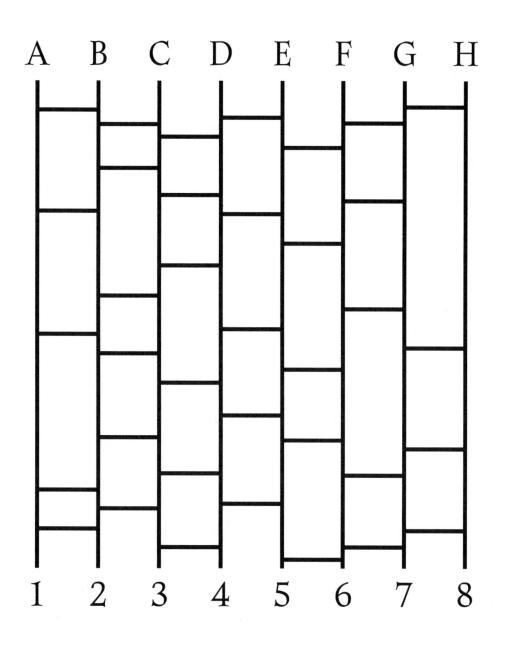

1) 세부목표 : 상황 초점적 조절 2 – 상황 수정

'상황 수정'은 내가 처할 상황을 변화시키는 것이다. 이는 상황에 대한 적극적인 대처를 의미하는 것으로, 일어날 일을 미리 예측하고 대비하며 통제하려는 노력이 포함된다. 일례로 불안이 심한 학생이 있다고 가정해 보자. 이때 장기적으로 볼 때 불안을 경험할 것 같은 상황을 피하는 것이 나에게 유리하다면, 상황 회피는 정서 조절을 위한 좋은 방법이 될 수 있다. 그러나 부정적 결과를 초래한다면 피하는 것보다는 불안을 낮추기 위한 방안을 찾아 적용하는 등 상황 수정적 조절 방법을 찾아야 한다.

이에 세 번째 세션에서는 주어진 상황을 수정해서 불안이나 우울 등의 부정적 감정을 낮추거나 없애는 대신, 자신에게 보다 편안한 상태로 만들어 보는 것이 세부목표이다. 이 과정에 대한 경험은 참여 아동들에게 스스로에게 필요하거나 알맞은 상황을 만드는 것의 필요성과 중요성을 인식시켜 줄 것이다.

2) 문학작품

도서 : 내가 할게! / 권오준 글, 김지영 그림 / 한림출판사 / 2021

동물이 도로에서 자동차 등에 치여 사망하는 것을 '로드 킬(Road Kill)'이라고 한다. 자동차의 등장과 증가로 인해 매년 로드 킬로 죽는 동물의 숫자도 많아지고 있다고 하는데, 이 그림책은 로드 킬 예방의 필요성과, 나아가 내가 실천할 수 있는 방안에 대해 이야기 해주고 있다. 즉, 모든 사고를 예방할 수는 없지만 우리의 노력으로 부정적인 상황을 바꿀 수 있다는 점을 알려주고 있다.

세 번째 세션을 위해 이 그림책을 선정한 이유는, 자기 주도적으로 특정 상황을 수정할 수 있고, 그렇게 했을 때의 변화에 대해 이야기를 나누고 싶었기 때문이다.

3) 관련 활동

① STOP 기술

자해 치료 방법 중 하나인 'STOP' 기술은 다음의 단계에 따라 실행한다.

S : 어떤 감정이 올라가는 것이 느껴질 때 멈춘다.
T : 한 걸음 물러선다.
O : 무엇이 일어나는지, 그것이 어떤 감정인지 확인한다.
P : 그 상황을 다른 관점으로 평가해 본다.

1) 세부목표 : 인지 초점적 조절 1 – 긍정적 재평가

자해의 원인은 굉장히 다양하며, 원인이 같더라도 개인차가 있기 때문에 일반적인 원인을 그대로 개인화하는 것은 무리이며, 때로는 폭력이 되기도 한다.

마이클 홀랜더 교수는 연구를 통해 자주 나타나는 자해의 요인으로 세 가지를 꼽았다. 첫째, 압도적인 감정 때문에 너무 고통스럽거나 혼란스러운 상태를 조절하기 위해 둘째, 무감각하고 공허한 존재라는 끔찍한 느낌에서 도망치기 위해 셋째, 자신에게 벌을 내리기 위해서이다.

자해를 하는 많은 아동 및 청소년들이 첫 번째 요인을 호소한다. 우울하고 힘이 들며 극단적으로는 죽고 싶을 때, 상처를 내는 행동과 통증에 집중하면 다른 생각이 사라지며 심장이 뛰는 걸 느끼고 자신의 피를 보며 살아있다는 생각이 든다는 것이다. 이 아이들에게 자해는 살아남기 위한 수단이자, 일종의 자기치유법인 셈이다. 하지만 이를 이해하지도, 이해하려 하지도 않는 어른들은 단지 눈에 보이는 자해를 없애려고만 한다. 이들에게 정말 필요한 것은 자신의 팔을 긋지 않고도 자신의 목을 조르지 않아도 살 수 있는 방법임에도 말이다.

두 번째 요인 역시 마찬가지이다. 우울감과 극도의 무기력함 등의 이유로 통증이라도 있어야 '내가 살아있구나'를 느끼기 때문에 현실감각을 찾아 살아남기 위한 자해이다.

세 번째 요인의 기반에 깔린 것은 자기혐오이다. 우울, 불안, 답답함, 스트레스 등 그런 감정적 혼란을 야기하는 자기혐오는 자기에 대한 철저한 비판, 죄책감, 자책 등을 가져온다. 하지만 그렇다고 해서 그들에게 행복하게 살고 싶은 마음이 없는 것은 아니다. 그러나 지금의 사회는 아이들에게 자기 자신에게 관심을 갖는 것이 아니라 남과 비교당하는 것부터 가르치기 시작한다. 남과 비교하면 자신에게 부족한 것밖에 보이지 않게 된다. 뭘 해도 자신보다 뛰어난 아이들은 있다. 잘하고 싶어도 잘 되지 않고, 자신의 마음대로 할 수 있는 게 자신의 몸밖에 없었던 것이다. 그렇기에 늘 부족하고 못난 자신에게 벌을 주는 것이다. 그런 아이들에게 쏟아지는 자해에 관한 질책들은 오히려 아이를 더 깊은 자기혐오로 빠뜨릴 뿐이다.

SNS에는 '자해러(자해하는 사람)'가 운영하는 수많은 '자해계(자해 계정)'들이 있다. '자해러'들이 자신의 자해 사진이나 아픔을 토로하는 글을 올리면 사람들은 '좋아요'를 눌러주거나 따뜻한 위로의 말들을 건넨다. 자해를 하는 아이들은 '보잘 것 없는 자신 같은 사람'을 팔로우 해주고, 공감하고, 위로해주는 사람들에게서 힘을 얻는다. 자해를 무조건 나쁘게 보고 불쌍하게 보지 않고 '당신이 자해를 할 정도로 많이 힘들구나'라는 점을 알아주는 사람들에게서 현실에서는 받지 못하는 위로를 얻는다. 물론 아픈 사람들이 공감하고 숨 쉴 공간이 필요한 것은 사실이다. 하지만 '자해계'가 아픔을 위로할 수 있는 건강한 방법이라고 할 수는 없을 것이다. '자해계'로 인해 팔로워를 늘리기 위해 더욱 심하게 자해를 한다든지, 그러한 사진을 보고 모방하는 등의 문제들이 발생하기도 한다.

자해가 사회 문제로 대두되며 자해에 대한 이야기를 하는 소설, 만화, 노래 등 많은 콘텐츠들이 제작되고 있다. 이에 대한 의견은 갈리고 있다. 이별 노래가, 자신의 것과 비슷한 아픔을 다룬 소설이 아픈 사람들에게 위로가 되듯이, 자해를 하는 이들에게 위로가 된다. 혹은 자해를 하는 이들을 이해하고 대하는 방식을 개선할 수 있다는 긍정적인 시선도 있는 반면에 자해를 미화하고 조장하기에 청소년 유해매체로 지정해야 한다는 부정적인 시선들도 있다.

네 번째 세션의 세부목표인 '긍정적 재평가'는 부정적 상황이 갖고 있는 긍정적 측면에 초점을 두는 것이다.

2) 문학작품

도서 : 미움 / 조원희 글 · 그림 / 만만한책방 / 2020

너 같은 거 꼴도 보기 싫어!

이런 말을 들었어.

처음 듣는 말이었어.

왜 그런지 말도 안 해 주고 혼자 가 버렸어.

눈물이 나올 것 같았어.

나도 너를 미워하기로 했어.

미움이라는 감정은 결국 상대방은 물론 나에게도 부정적인 작용을 한다. 그렇지만 누군가에 의해, 어떤 상황에 의해 자연스럽게 발생하는 감정이기 때문에, 이해 및 위로, 수용 및 해소가 필요하다. 이 그림책은 미움이라는 감정을 들여다보면서 다친 마음을 위로해 주기 때문에, 이번 세션의 목표인 '긍정적 재평가' 과정과 비슷하다고 여겨져 선정하게 되었다.

3) 관련 활동

① 긍정적 재평가가 필요한 순간

생각하기 나름이기 때문에 이왕이면 긍정적인 생각만 하면 좋겠지만, 갑자기 걷잡을 수 없게 일어나 들불처럼 번지는 것이 생각이다. 또한 긍정적인 생각은 그 상태에서 끝나는 경우가 많은데, 부정적인 생각은 몇 단계를 더 나아가 아직 발생하지 않은, 아니 발생하지도 않을 최악의 상황에까지 도달한 뒤에야 끝나는 경우가 많다. 이미 긍정적으로 평가된 측면도 정말 그렇게 판단하는 것이 맞았을 것인가에 대한 의심까지 불러일으키면서.

이 활동은 이미 부정적이었다고 인식하고 있던 상황을 재평가 하면서, 그 당시에는 발견하지 못했던 긍정적 측면을 찾아보는 것이다. 따라서 참여자들에게는 가장 먼저 그렇게 하고 싶은 순간을 떠올리게 하고, 이어서 많은 장면 중 그 순간을 꼽은 이유가 무엇인지, 재평가를 했을 때 긍정적이라 판단된 측면은 무엇인지 등에 대해 정리한 뒤 발표해 보게 하면 되겠다. 참여자들의 생각 정리를 도와줄 활동지는 〈관련 활동 4-1〉에 제시했다.

긍정적 재평가가 필요한 순간

다음 순서에 따라 떠오르는 내용을 정리한 뒤 발표해 봅시다.

재평가를 하고 싶은 상황	
그 상황을 꼽은 이유	
긍정적이라 판단한 측면	
활동 소감	

세션 Session

1) 세부목표 : 인지 초점적 조절 2 – 역기능적 사고 평가

    역기능적 사고는 인지 오류를 포함하고 있는 사고로서, 상황이나 자극에 대해 부적 응적 혹은 왜곡된 해석을 유발한다. 따라서 사고에 포함되어 있는 인지 오류를 발견 하고 대안적 사고를 만드는 것이 역기능적 사고 평가하기이다.

2) 문학작품
도서 : 나슬라의 꿈 / 세실 루미기에르 글, 시모네 레아 그림, 이지수 옮김 / 보물창고 / 2022

    삶의 경험이 부족하고 환상적 사고도 많이 하는 어린 시절에는, 어둠과 함께 찾아 오는 밤이라는 시간이 두려움을 불러일으키는 순간일 수 있다. 이 그림책의 주인공 '나슬라' 역시 침대에 누웠을 때 장롱 위에서 빛나는 노란 눈을 발견했는데, 어쩌면 그것이 거북이 인형 시빌의 눈동자이거나, 코끼리 인형 땅부부이거나, 발을 다친 하 마 인형이거나, 긴 팔 유령이거나 대왕오징어 같은 괴물일지도 모른다는 상상을 하면 서 점점 커지는 두려움을 경험한다.

    다섯 번째 세션을 위해 이 그림책을 선정한 이유는, 나슬라의 경우처럼 참여자들에 게도 역기능적으로 작용하는 사고가 있는지 살펴보도록 하는데 도움을 주기 위해서 이다. 다만 참여자들이 나슬라보다 나이가 많기 때문에 그림책의 내용을 참고해 각자 의 경험에 초점을 맞추도록 할 필요가 있겠다.

3) 관련 활동

① THINK 기술을 바탕으로 역기능적 사고 평가하기

THINK 기술은 다음과 같은 과정에 따라 적용된다.

T : 상대방의 관점을 생각해 본다.

H : 몇 가지 비판단적(무비판적)인 요소로 타인과 공감을 이룬다.

I : 상대방의 행동에 대해 해석한다.

N : 상대방이 지금 고생하거나 과거의 상황을 개선하려고 노력한 방법에 주목한다.

K : 친절하게 대한다.

6 세션Session

1) 세부목표 : 인지 초점적 조절 3 – 자기 대화 재구성

자기 대화는 내가 나에게 거는 대화로, 부정적인 것과 긍정적인 것이 있다. 따라서 자기 대화 재구성하기는 평소 자기 대화가 어떤 내용인지를 살펴본 뒤, 이를 보다 긍정적이면서도 유익한 쪽으로 바꾸어 보는 것이다.

2) 문학작품
도서 : 우리 동네 꾹꾹도사 / 이유진 글 · 그림 / 창비 / 2022

이 그림책의 주인공 콩이는 엄마 휴대폰을 변기에 빠트리고, 화분을 와장창 깨트리는 등 손에 닿는 것들을 모두 못쓰게 만들어 버린다. 하지만 일부런 그러는 것이 아니어서 속상한 마음에 혼자 훌쩍거리고 있던 중, 고민을 들어줄 것 같은 꾹꾹 도사를 만나고 싶다는 마음이 생긴다. 그래서 동네 뒷산에 살고 있다는 꾹꾹 도사를 찾아 산 정상에 올랐더니, 긴 수염이 있는 둥글납작한 얼굴에 흰 도복을 입고 있는 꾹꾹 도사가 콩이 앞에 나타났다. 몸이 불편하거나 마음이 슬프고 외로운 이들이 찾아오면 그들의 고민을 가만가만 들어 주고 말랑한 손을 뻗어 '꾹꾹 안마'를 해주는 꾹꾹 도사, 그런데 콩이의 고민 해결 차례가 오자 안마를 해 주는 대신 비밀 이야기를 털어놓는다.

여섯 번째 세션을 위해 이 그림책을 선정한 이유는 결국 고민을 해결하기 위해 필요한 힘이 자기 자신 안에 있다는 사실, 나아가 그것을 찾아 이끌어내기 위해서는 자기와의 긍정 대화가 필요하다는 점을 알려주고 싶었기 때문이다.

3) 관련 활동

① 자기 대화법 연습

임상심리학자인 '파멜라 버틀러'는 저서 『행복을 부르는 자기대화법』[50]을 통해 다음과 같은 5단계를 제시했다.

1단계 : 인식하라. 자신과의 대화에 귀를 기울여라.
2단계 : 평가하라. 내면의 대화가 자신을 지지하는지 혹은 파괴하는지 평가하라.
3단계 : 확인하라. 어떤 조종자, 방해자, 혼란자가 자신의 내부 언어를 구성하고 있는지 확인하라.
4단계 : 자신을 지지하라. 부정적인 자기 대화를 허용과 자아 확인으로 대신하라.
5단계 : 안내자를 발달시켜라. 새로운 지지 포지션에 따라 어떤 실천을 할 것인지 결정하라.

'자기 대화법 연습'은 이 단계를 바탕으로 실습을 하면 되는데, 용어 자체가 어려워 참여자들이 이해하기가 어려울 테니 〈관련 활동 6-1〉에 제시한 활동지를 활용해 보다 쉽게 접근하기 바란다.

---

50) 파멜라 버틀러 지음, 박미경 옮김. 2016. 『행복을 부르는 자기대화법』. 서울: 소울메이트.

자기 대화법 연습

나 자신과의 대화는 나를 조금 더 이해하고 성장시킬 수 있는 방법입니다.

다음의 단계에 맞는 내용을 정리해 보세요.

단계	내용
1단계 내 안에 어떤 말들이 있나요?	
2단계 그 말들은 나를 긍정적/ 부정적이게 만들고 있나요?	
3단계 만약 부정적이라면 그렇게 만드는 원인은 무엇인가요?	
4단계 그것을 스스로 해결할 수 있다는 믿음은 어느 정도인가요?	
5단계 나를 도울 수 있는 것은 무엇인가요?	

7 세션 Session

1) 세부목표 : 인지 초점적 조절 4 – 귀인 재구성

지각(知覺)이란 개인이 정보를 선택하고 조직화하여 해석하는 과정을 뜻한다. 이때 선택은 본인의 흥미나 가치관 등을 바탕으로 관찰하는 대상의 크기나 움직임에 따라 영향을 받아, 보다 자신에게 유리한 쪽으로 이루어진다. 이어서 조직화는 선택한 정보들을 의미 있게 짜 맞추는 과정으로, 이 과정에서 정보들의 근접성, 유사성, 연속성 등이 영향을 미치면서 스키마 형성으로 종결된다. 마지막으로 해석은 개개인의 특성과 경험의 정도에 따라 달라지는데, 역시 주관이나 선입견 등이 개입된다.

독일의 심리학자인 프리츠 하이더(Fritz Heider, 1896-1988)는 '귀인(attribution)' 이론을 제안했는데, 귀인은 어떤 결과의 원인을 뜻하며 예상했던 일보다는 예상치 못한 일에 대해, 또한 긍정적이고 행복한 일보다는 부정적이고 불행한 일에 대해 일어난다. 사람들에게 귀인이 발생하는 이유는 결국 세상을 적극적으로 이해하고 더 나아가 예측하려는 욕구 때문이다. 실제로 정확한 귀인은 자신의 행동수정은 물론 타인을 이해하고 삶을 살아가는데 많은 도움이 될 수 있지만, 인지 부조화로 인해 부정확할 때가 많기 때문에 다른 문제들을 불러일으킬 수도 있다. 귀인 오류의 구체적 사례는 다음과 같은 것들이 있다.

근본 귀인 오류 : 타인의 행동을 해석할 때 상황의 영향보다는 개인의 특성으로 여기는 경우이다. 예를 들어 한 학생이 지각을 했을 때 버스나 지하철이 고장 났다거나

하는 주변 상황보다는, 그 학생의 게으름이나 불성실함으로 해석하는 경우이다.

- 행위자-관찰자 편견 : 내가 한 행동은 상황의 결과이며, 타인의 행동은 개인의 문제로 해석하는 경우이다.

- 자존적 편견 : 나의 성공은 내가 잘해서이지만, 실패한 경우는 환경에 문제가 있었기 때문이라고 해석하는 경우이다.

- 통제의 환상 : 세상에서 벌어지고 있는 모든 일들을 자신이 통제할 수 있다고 생각하여, 어떤 일이 실패했을 때 내적 귀인을 하는 경우이다. 일례로 복권에 당첨되지 않았을 때 몇 시에 어디로 사러 갔어야 한다고 생각하는 경우이다.

이번 세션의 목표는 참여 아동들의 귀인 패턴을 살펴보고, 만약 역기능적인 부분이 있다면 그것을 찾아 수정 및 재구성 할 수 있도록 돕는데 있다.

2) 문학작품
도서 : 핑퐁 클럽 / 박요셉 글 · 그림 / 문학동네 / 2021

"내 말 들리니?"
"큰 소리로 말하지 않아도 돼. 언제나 귀 기울이고 있어."
"말에도 무게가 있다는 걸 알고 있어?"

이 그림책은 탁구라는 스포츠 경기의 속성에 빗대어 사람과 사람 간 소통과 관계의 면면을 표현하고 있다. 녹색 테이블을 사이에 두고 마주한 두 사람이 공을 주고받고, 때로 놓치는 순간들은 사람들이 소통하는 모습과 닮았다. 한 쪽이 서브를 넣듯이 말을 시작하면 상대방이 받으면서 관계가 시작되고, 그렇게 대화가 늘어 가면서 믿음이 쌓여 가기도 하지만, 때로는 오해와 갈등이 생기다가 결국 파국으로 치닫기도 한다.

일곱 번째 세션을 위해 이 그림책을 선정한 이유는, 우리가 보통 어떤 문제라고 인식하는 순간의 중심에 관계가 있기 때문이다. 즉, 사람과의 관계가 귀인이기 때문에 그 패턴에서 발견할 수 있는 역기능적 부분을 찾는데 도움을 주기 위해서이다.

3) 관련 활동

① 착시 현상 분석하기

착시(錯視)는 주변의 영향으로 어떤 사물을 실제의 그것과 다르게 보는 시각적인 착각 현상을 뜻하는 말이다. 즉, 외적인 자극에 의해 크기나 형태 등을 다르게 지각하는 착각이지만, 각자가 느끼는 감각적 현실이라는 측면에서 개개인의 차이를 알 수도 있는 현상이다.

따라서 착시 현상 분석하기 활동은 다양한 착시 그림과 사진들을 바탕으로 참여 아동들이 느끼는 감각적 현실의 차이를 통해, 주어진 자극이 같아도 서로의 해석이 다를 수 있다는 점을 인식시킴으로써, 내가 그동안 문제라고 여겼던 측면을 다시 한 번 생각해 볼 수 있는 기회를 주는데 목표가 있다.

다양한 착시 그림과 사진들은 〈관련 활동 7-1〉에 제시했다.

착시 현상 분석하기

8 세션 Session

1) 세부목표 : 인지 초점적 조절 5 - 조망 확대

조망 확대는 '헬리콥터 뷰(helicopter view)'라고도 하는데, 지금 나를 힘들게 하는 일을 조금 더 넓은 시각(나만의 시각에서 상대의 시각으로, 봄의 시각에서 여름의 시각으로, 한 달 동안의 시각에서 1년 동안의 시각으로 등)으로 보는 것이다.

2) 문학작품
도서 : 나를 봐 / 최민지 글 · 그림 / 창비 / 2021

타인에게 관심이 많은 사람이 있고 그렇지 않은 사람도 있다. 타인들에게 인기가 많은 사람이 있고 그렇지 않은 사람도 있다. 비교적 쉽게 그리고 많이 친구를 사귀는 사람이 있고 그런 것들이 어려운 이도 있다. 그럼에도 친구는 세상을 살아내는데 있어 꼭 필요한 존재라고 한다.

멀리서 볼 때 아름다운 것도 있지만, 가까이 봐야 자세하면서도 정확하게 알 수 있는 것들이 대부분이다. 사람도 그렇다. 따라서 세상은 물론 사람들도 더 잘 이해하고 발견하기 위해서는 있는 그대로의 보기가 필요하다.

이 그림책 속 두 주인공인 '나'와 '친구'는 서로의 단짝이다. 그런데 '친구'는 무표정에 소극적인 성격이어서 무리에서 쉽게 소외가 된다. 또한 선생님조차 '친구'의 말을 거짓말로 치부해 버리기도 한다. 하지만 '나'는 관심을 갖고 가까이에서 관찰을 한 덕분에 다른 사람들이 모르는 '친구'의 멋진 점들을 알고 있다. 멀리서 볼 때는 몰랐거나 오해를 했던 부분에 대해서 말이다.

여덟 번째 세션을 위해 이 그림책을 선정한 이유는 조금 더 넓고 다양한 시각으로 세상과 사람들을 바라봄으로써 얻을 수 있는 것들에 대해 이야기 해보기 위해서이다. 오랫동안 고정되어 있던 시각과 시야를 바꾸기는 어렵겠지만, 잠시나마 다른 쪽으로 넓혀볼 수 있는 기회가 되기를 바란다.

3) 관련 활동

① 사다리 오르며 보기

사다리는 어딘가에 기대거나 매달아서 높은 곳과 낮은 곳 사이를 디디면서 오르고 내릴 수 있도록 만든 도구이다. 따라서 실생활에서 두루 활용되고 있는데, 이 활동을 위해서는 알루미늄 재질의 4단 정도면 충분하다. 사다리가 준비되면 참여 아동들 가운데 원하는 사람부터 나와 한 단계씩 오르면서 어떤 풍경이 보이는지, 그래서 평지에 있을 때와 달라진 점은 무엇인지 직접 느낄 수 있도록 한다. 더불어 넓은 시각을 갖는 것의 필요성과 중요성에 대해서도 이야기를 나눈다.

9 세션 Session

1) 세부목표 : 반응 초점적 조절 1 – 수용과 상징화

상징이란 정신분석적으로 보면 억압된 무의식적 욕망을 말한다. 우리의 지각 경험 가운데 비교적 지속적이고 반복적인 요소를 말하며, 지각 경험 자체만으로 전달되지 않거나 충분히 전달될 수 없는 더욱 광범위한 어떤 한 의미 혹은 일련의 의미를 뜻한다. 상징성을 띠게 되는 것은 어떤 변용을 거쳐서라도 회귀성을 지니게 되거나, 그 가능성이 있다고 생각될 때이다. 또한 상징은 지시성과 정확성도 가진다. 그러므로 우리의 무의식의 것들-의식을 조종하거나 역기능적인 영향을 주는 것들-을 상징으로 드러내고, 그러한 상징의 표상들은 곧 그 어떤 것을 지시적으로 말해주며, 또한 정확하게 의식으로 바꾸어 줄 수 있기 때문에 치료적인 속성을 가진다고 할 수 있다. 상징은 인간의 내면적 고통을 해결하는 것이며, 심리적 치료의 한 형식이 된다.[51]

수용과 상징화는 자신이 느끼고 있는 정서를 거부하지 않고(내 마음 속에서 당장 없애버려야 할 것으로 여기지 않고) 받아들인 뒤, 그것에 분노나 불안, 슬픔과 같이 이름을 붙여주는 것이다. 이렇게 상징화 작업을 하게 되면 그 정서를 없애기 위해 싸우며 몰입해 있던 상태에서 거리를 두고 볼 수 있게 된다.

---

51) 임성관. 2019. 『(개정판) 독서치료의 모든 것』. 파주: 시간의 물레.

이에 아홉 번째 세션의 목표는 반응 초점적 조절을 위한 수용과 상징화로, 참여 아동들이 느끼는 감정을 그대로 표현 및 수용하고 상징화 작업을 할 수 있도록 돕는데 있다. 이 작업이 잘 이루어지면 자신을 적정 거리에서 볼 수 있는 객관성이 생길 것이다.

2) 문학작품
도서 : 나를 꼬옥 안아줘! / 꼼꼼 글 · 그림 / 냉이꽃 / 2021

시시각각 변할 수 있는 마음, 그에 따라 화가 날 때도 신날 때도, 그래서 나도 힘들거나 기쁠 때도 있지만, 아주 멋지고 충분히 훌륭하다며 스스로를 안아주는 것의 필요성과 중요성에 대해 알려주는 그림책이다.

아홉 번째 세션을 위해 이 그림책을 선정한 이유는 있는 그대로의 자신을 수용하는 것에 대해 이야기를 나누기 위해서이다.

3) 관련 활동

① 이미지 형상화
이 활동은 떠오르는 심상을 말이 아닌 미술 활동(그림 그리기나 만들기)으로 먼저 표현한 뒤, 그 안에 담긴 생각이나 감정이 무엇인지, 그래서 이 작품을 어떻게 하고 싶은지(어떤 부분을 바꾸거나 아예 해체해 버리는 등), 실제로 그렇게 했을 때 생각이나 감정이 달라졌는지 등에 대해 이야기를 나누는 활동이다. 여기서 미술 활동으로 먼저 표현하는 작업이 상징화이며, 뒤에 이어질 활동들이 나를 이해하고 수용하기 위한 작업들이다.

10 세션 Session

1) 세부목표 : 반응 초점적 조절 2 – 억제 및 회피하기

우리는 많은 정서를 스스로 억제하며 살아간다. 왜냐하면 그렇게 하는 것이 필요하고, 때로 자신에게 도움도 되기 때문이다. 따라서 중요한 정서 조절 능력이라고 할 수 있는데, 그럼에도 지나친 억제 및 회피는 역기능적이다. 이에 부정적 정서를 회피하기 위해 지금-여기에 집중하거나, 다른 감각에 주의를 두는 것이 좋을 수 있다.

열 번째 세션의 목표는 억제 및 회피하기로, 우선 참여 아동들에게 방어기제처럼 느껴지는 이 방법들이 무조건 나쁜 것만은 아니라는 점을 알려주어야 한다. 또한 지나친 억제 및 회피는 역기능적이기 때문에, 적절한 방안을 함께 찾아볼 필요도 있다.

2) 문학작품

도서 : 도망치고, 찾고 / 요시타케 신스케 글 · 그림, 권남희 옮김 / 주니어김영사 / 2021

세상에는 다양한 사람이 있어.

달리기를 잘하는 사람도 있고, 그림을 잘 그리는 사람도 있지.

글을 잘 못 읽는 사람도 있고, 수학을 싫어하는 사람도 있어.

그 수많은 사람 중에는 꼭 '상상력'이 부족한 사람이 있더라.

그런 사람들은 상대가 자신의 행동을 어떻게 생각할지 상상하지 못해.

그래서 남한테 심한 말을 하고, 못된 짓을 하기도 해.

만약 그런 사람에게 못된 짓을 당한다면 네가 당장 해야 할 일이 있어.

일단 그 사람에게서 멀어지는 거야. 자신을 지키기 위해 그 자리에서 도망치는 거지.

도망치는 건 부끄러운 일도, 나쁜 일도 아냐.

네 다리는 '위험한 것으로부터 도망치기 위해' 있으니까.

이 그림책은 누군가 나에게 심한 말을 하고 못된 짓을 해서 자아존중감이 낮아지게 한다면, 그 사람으로부터 나를 지키기 위해 멀어지고 도망쳐서 지켜줄 사람이 있다면 찾아서 그 곁으로 다가가라고 말한다. 이럴 때 도망치는 것은 부끄러운 일도 나쁜 일도 아니라면서. 나를 지켜주고 도와줄 사람이 있다면 다행이라면서.

'억제'나 '회피'는 보통 부정적인 의미로 인식되는 단어이다. 따라서 그렇게 하지 않아야 한다는 강박관념을 불러일으키는데, 그럼으로써 더 힘든 일을 겪어야 하는 사람들이 있다. 따라서 스스로 그렇게 해도 되며 할 수 있다는 믿음을 갖고 있어야 한다. 열 번째 세션을 위해 이 그림책을 선정한 목적이 바로 그 부분에 있다.

3) 관련 활동

① 무궁화 꽃이 피었습니다

'무궁화 꽃이 피었습니다'는 '숨바꼭질'의 응용놀이로, 술래가 벽을 보고 "무궁화 꽃이 피었습니다"를 외치다가 구호가 끝남과 동시에 뒤를 돌아봤을 때 정지하지 못한 채 움직이는 사람이 있으면 잡아낸다. 따라서 잡히지 않으려면 술래의 눈을 피해 빠르게 움직여야 하고, 움직이던 동작을 재빨리 통제해야 한다.

활동을 하기 위해서는 프로그램실 내 책상을 한 쪽으로 치워서 넓은 공간을 확보하고, 참여 아동들 가운데 한 사람을 술래로 뽑는다. 이어서 한 쪽 벽을 술래의 공간으로 정한 뒤 놀이를 시작한다. 놀이가 끝난 뒤에는 술래가 돌아서 있을 때는 움직이다가 찾으려고 하면 멈추는 사람들처럼, 내가 감추고 있어서 찾지 못하고 있는 감정은 무엇인지, 그것을 찾으려면 어떻게 해야 할지, 만약 찾는다는 어떨 것 같은지 등에 대해 이야기를 나누기 바란다.

11 세션 Session

1) 세부목표 : 반응 초점적 조절 3 – 표현하기

정서는 표현되기를 원한다. 따라서 정서를 적절하게 표현하는 것은 바람직한 정서 조절 방법 중 하나다. 내가 어디에, 누구와 함께 있는가, 어느 정도로 어떻게 표현할 것인가에 대한 결정만 잘 되면, 누군가에게 부정적 피드백을 받지 않고 정서를 표현할 수 있을 것이다.

2) 문학작품
도서 : 우리 반에 곰이 있어요 / 박종진 글, 키큰나무 그림 / 이야기숲 / 2021

몹시 미련한 사람을 얕잡아 이르는 말인 '미련퉁이'를 강원도에서는 '미련-곰탱이'라는 방언으로 사용한다고 한다. 곰이라는 동물이 매우 똑똑하다는 사실을 아는 사람이라면 왜 '미련'한 대상이 되었는지 의아할 텐데, 아마 체구가 크면 굼뜨고 둔하다는 선입견 때문이 아닐까 생각된다.

이 그림책에는 특히 감정을 잘 표현하지 못하는 곰이 주인공으로 등장한다. 이 곰은 친구들과 축구를 하다가 넘어져도 울지 않고, 선생님께 칭찬을 들어도 웃지 않고, 아이들이 아무리 괴롭혀도 화를 내지 않는 무덤덤하기 그지없는 성격이다. 그러자 친구들은 곰의 책가방에서 물건을 하나 빼내어 놀려주려는 계획을 세운다. 그런데 세세한 마음들이 고스란히 적혀 있는 일기장을 발견하고, 오히려 곰을 도와주려고 한다.

지금 내 감정이 어떤지 아는 것도 어렵지만, 그 감정을 적절히 표현하는 것은 더 어렵다. 그럼에도 정서 조절을 위해 표현할 필요가 있는데, 이 그림책은 참여자들로 하여금 자신의 정서를 인식 및 표현하는데 활용하기 위해 선정했다.

3) 관련 활동

① 이모티콘으로 표현하기

이모티콘은 인터넷이나 휴대전화 등에서 기분과 생각을 직관적이고 편리하게 전달하기 위해 사용하는 기호로 감정(emotion)과 아이콘(icon)을 합성한 말이다. 우리나라 전체 국민의 95% 이상이 스마트폰을 사용하고 있기 때문에, 이모티콘 또한 널리 활용되고 있다고 할 수 있다.

이 활동은 참여 아동들에게도 친숙할 이모티콘으로 자신의 감정이나 생각을 표현하게 하는 것으로, 카카오톡 단체방을 만들어 활용할 것을 제안한다. 이때 PC나 노트북이 준비되어 있다면 빔 프로젝트와 연결해 해당 내용을 실시간으로 함께 볼 수 있도록 조치를 하면 좋겠다. 다양한 이모티콘의 예시는 〈관련 활동 11-1〉에 제시했다.

이모티콘으로 표현하기

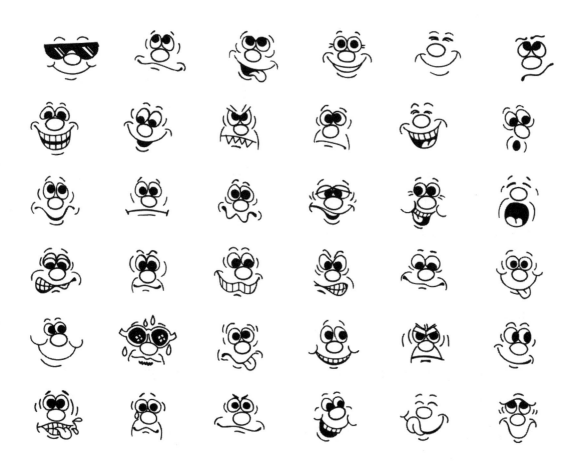

1) 세부목표 : 건강해진 나 살펴보기

'바이오필리아(Biophilia)'라는 단어가 있다. 이 단어는 그리스어 생명(Bio)과 사랑(Philia)의 합성어로, 인간의 마음과 유전자에 자연에 대한 애착과 회귀 본능이 내재되어 있다는 의미이다. 이 단어를 처음 사용한 사람은 정신분석가이자 철학자였던 에리히 프롬(Erich Fromm)으로, 그는 1964년 '인간의 마음(The Heart of Man : Its Genius for Good and Evil)'이라는 에세이에서 인간의 자연에 대한 동경을 '바이오필리아'라고 언급했다. 또한 1973년도에는 『인간 파괴의 해부학(The Anatomy of Human Destructiveness)』[52]이라는 저서에서 바이오필리아를 '생명과 살아 있는 모든 것에 대한 열정적인 사랑, 사람이든, 식물이든, 아이디어든, 사회적 집단이든 더 성장하기를 바라는 것이다.'라고 정의했다.

『생명에게 배운다 1 : 살아 있다는 것』[53]이라는 책의 목차는 '생겨난다', '발생한다', '햇빛 에너지다', '촉촉하다', '세포로 되어 있다', '적응한다', '싸운다', '이기적이다', '돕는다', '유전한다', '진화한다', '죽는다'는 제목으로 구성되어 있는데, 이 모든 내용은 살아 있는 것들의 특징이라고 한다.

---

52) Fromm, Erich. 1973. *The Anatomy of Human Destructiveness*. New York: Open Road Integrated Media.

53) 윤소영 글, 신민재 그림. 2020. 『생명에게 배운다 1 : 살아 있다는 것』. 서울: 낮은산.

마지막 세션에 대한 설명을 위해 이상의 내용을 언급한 이유는, 생명은 더없이 가장 소중한 것이기 때문에 가장 아끼고 사랑해야 할 것이라는 점을 강조하기 위해서이다. 부디 참여 아동들에게 이와 같은 신념이 몸 속 깊이 자리 잡기를 바란다.

2) 문학작품
도서 : 어느 날 문득 내게 / 레베카 바흐-로릿첸 글, 안나 마르그레테 키에르고르 그림,
      손화수 옮김 / 책빛 / 2022

언제나 모든 것이 제자리에 있다는 것은 안정적이며 평화롭다는 의미일 수 있지만, 상대적으로 자극이나 변화가 없는 모습일 수도 있다. 반면 무엇인가가 계속 바뀌고 있다는 것은 불안감이 높다는 의미일 수 있지만, 상대적으로 적응을 위한 노력을 해야 하는 자극이 지속적으로 주어진다는 것일 수 있다. 따라서 대부분은 모든 것이 제자리에 있는 것이 편안할 수 있지만, 가끔은 변화를 추구하는 것도 필요하다.

이 그림책의 주인공 소년의 집도 언제나 모든 것이 제자리에 있었다. 그런데 어느 날 아침에는 신발이 흩어졌고, 연필도 사라지는 등 예전과 달라진 모습이었다. 이와 같은 변화는 곰이 찾아오면서부터 시작되었는데, 갑자기 소년의 삶에 들어온 곰은 소년의 일상을 온통 엉망으로 만들지만, 소년이 긴장감을 모두 내려놓고 곰의 품에서 포근하게 잠들 수 있게 해준다.

마지막 열두 번째 세션을 위해 이 그림책을 선정한 이유는, 프로그램에 참여했을 당시에는 주인공 소년 같았을 참여 아동들에게 어느 날 문득 찾아온 독서치료 프로그램이 어떤 변화를 가져왔는지에 대해 함께 이야기를 나누기 위해서이다. 부디 참여 아동들에게도 편안함, 안정감이 커졌기를 바란다.

3) 관련 활동

① 지난 세션 돌아보기

모든 과정을 훌륭하게 마치기 위해서는 그만큼의 준비와 실천이 필요하다. 이는 마지막 세션에도 똑같이 적용되는데, 앞서 진행된 열한 번의 세션이 있었기에 마지막 열두 번째 세션에 도달한 것이다. 따라서 첫 만남에서부터 어떤 과정을 거쳐 왔는지, 참여 아동들이 어떤 노력을 했었는지, 그래서 어떤 결과를 얻게 되었는지 차근차근 살펴보는 시간을 갖는 것이 좋겠다.

② 참여 소감 나누기

결과가 좋다고 해서 모든 과정들이 항상 매끄러운 것은 아니었겠지만, 그런 상황 또한 치료의 맥락이었을 테고, 그런 장면들을 지혜롭게 대처해 나갈 수 있었기 때문에 긍정적인 마무리를 할 수 있었을 것이다. 따라서 아쉬운 점은 아쉬운 대로, 그럼에도 만족한 부분은 또 그런 대로 소감을 통해 나누어 보자. 아이들은 소감을 "좋았어요!" 혹은 "별로였어요!"와 같이 한 단어로만 표현할 수도 있기 때문에 치료사 입장에서는 다소 아쉬울 수도 있겠지만, 그 또한 그들의 솔직한 입장일 것이다.

두 번째 자살

학교 밖 청소년의 자살 위험 감소를 위한
독서치료 프로그램

두 번째 자살

학교 밖 청소년의 자살 위험 감소를 위한 독서치료 프로그램

⤙ 1. 프로그램 목표 ⤚

「학교 밖 청소년 지원에 관한 법률」[54]에 따르면, 학교 밖 청소년이란 용어의 뜻은 다음 각 목의 어느 하나에 해당하는 청소년을 말한다.

가. 「초 · 중등교육법」 제2조의 초등학교 · 중학교 또는 이와 동일한 과정을 교육하는 학교에 입학한 후 3개월 이상 결석하거나 같은 법 제14조 제1항에 따라 취학 의무를 유예한 청소년

나. 「초 · 중등교육법」 제2조의 고등학교 또는 이와 동일한 과정을 교육하는 학교에서 같은 법 제18조에 따른 제적 · 퇴학 처분을 받거나 자퇴한 청소년

---

54) 학교 밖 청소년 지원에 관한 법률. https://www.lawnb.com/Info/ContentView?sid=L000012054

다. 「초 · 중등교육법」 제2조의 고등학교 또는 이와 동일한 과정을 교육하는 학교에
　　진학하지 아니한 청소년

　이상의 내용에 따르면 학교 밖 청소년은 자발적 혹은 비자발적으로 학교에서 이탈
을 했거나, 정규 교육과정에 진입하지 않은 청소년들이라고 할 수 있다. 과거에는 이
와 비슷한 개념으로 '중도 탈락자(중도 탈락 청소년)', '등교 거부 청소년', '학업 중단 청
소년'과 같은 용어를 사용하기도 했는데, 일반 학생들과 달리 낙오 혹은 탈선을 했다
는 등의 부정적 인식을 불러일으킬 수 있고, 시대의 변화에 따라 학교 교육에서 중도
탈락하는 원인들도 다양해졌으며, 무엇보다 학생들 스스로 학업 중단을 선택하는 경
우도 점차 증가하면서 용어도 달라지게 되었다. 게다가 현 시대에는 학교가 아니어도
공부를 할 수 있는 여건이 잘 형성되어 있기 때문에, 학교 밖 청소년이라고 해서 공부
를 못하거나 상급 학교 진학에 불리하다는 인식도 거의 사라진 상태이다.

　그럼에도 학력이 중시되는 사회인 우리나라에서 학교 중퇴는 단순한 학업 중단 이
상의 의미를 지닌다. 지식이나 기술을 습득하지 못할 뿐 아니라 사회적 낙오자라는
평가를 받게 되는 경우도 빈번하다. 또한 학교 중퇴 자체의 문제로 끝나지 않고 비행
이나 범죄 등 각종 문제를 일으키는 원인이 되기도 하고,[55] 스트레스와 우울, 무망감
(Hopelessness)[56], 사회적 지지 체계, 자살 사고의 정도에 따라서는 자살로 이어지는 경
우도 있다.

　이에 본 장에서는 점차 비율이 증가하고 있는 학교 밖 청소년들 가운데 자살 위험
이 높은 학생들의 자살 위험 감소를 위한 독서치료적 접근을 위해 적정 프로그램을
개발해 제안하는데 목표가 있다.

---

55) 김준호 외. 2006. 『청소년 비행론』. 서울: 청목출판사.

56) 자신의 고통이나 불행을 변화시키기 위해 아무 것도 할 수 없기 때문에, 결국 아무 것도 이루어지지 않을
　　것이라며 미래에 대해 부정적으로 생각하는 것

➤ 2. 프로그램 구성 ➤

　본 프로그램은 총 12세션으로 구성되었다. 자살 위험 감소라는 종합목표 달성을 위한 세부목표의 흐름은, 자살을 예방하고 감소시키는데 있어 자살 사고가 큰 영향을 끼치기 때문에, 참여 청소년들의 스트레스와 우울, 무망감, 사회적 지지의 측면과 자살 사고와의 관련성을 밝히고, 그런 것들을 적절히 해소할 수 있는 적정 방안을 모색해 실천함으로써 건강한 사회인으로 적응하며 살아갈 수 있도록 돕는데 초점을 두고 설정했다. 또한 세부목표 달성을 위한 치료약의 역할을 해줄 문학작품은 다른 프로그램에서와 마찬가지로 그림책을 위주로 선정했는데, 그 이유는 모든 학교 밖 청소년들이 학업을 중단한 것은 아니겠지만 읽을 분량이 많은 작품을 선택했을 때 감당할 부담이 클 것을 우려했기 때문이다. 이어서 관련 활동 역시 글쓰기를 위주로 하지만 참여 청소년들이 적어야 할 내용이나 분량에 대한 부담을 느끼지 않을 선에서만 활용하고자 했다. 다음의 〈표〉는 이상의 내용을 종합적으로 구성한 독서치료 프로그램 세부계획서이다.

〈표〉학교 밖 청소년의 자살 위험 감소를 위한 독서치료 프로그램 계획

세션	세부 목표	문학작품	관련 활동
1	마음 열기	도서 : 나는 죽음이에요	프로그램 소개, 집단 서약서 작성, 자기 소개하기, 자살 사고 점검
2	생활 점검 1 – 스트레스	시 : NO	상황별 · 대상별 스트레스 점검
3	생활 점검 2 – 무망감	노래 : 공허해	무망감 점검
4	생활 점검 3 – 우울	노래 : 낙화	그림 이야기 검사
5	생활 점검 4 – 사회적 지지	시 : 살아남는 법	사회적 지지 체계망 파악
6	생활에서의 자살 사고	시 : O양의 유서 – H에게	○○에게 – 나의 자살 충동 이유 편지 쓰기
7	스트레스 해소	시 : 어떻게 풀까요?	나의 플레이 리스트 만들기
8	위축된 사고 확장	드라마 : 내일 도서 : 배를 그리는 법	연상화 그리기, 난화 상호 이야기 만들기
9	사회적 지지 체계 구축	노래 : 한숨	사회적 지지 체계 구축 방안 모색하기
10	자기 효능감 구축	도서 : 내가 없는, 내가 있는	내가 있을 때의 가치 확인하기
11	회복탄력성 구축	노래 : 돌덩이	회복탄력성을 높일 수 있는 방법 실천하기
12	미래 목표 설정	도서 : 나는 생명이에요	미래 목표 설정하기, 참여 소감 나누기

1 세션 Session

1) 세부목표 : 마음 열기

미국의 심리학 교수이자 『비판정신의학』이라는 책의 공저자인 에밀리 쉬라 커틀러(Emily Sheera Cutler)는, 자살을 '불이 난 집의 창문에서 뛰어내리는 것'에 비유했다. 왜냐하면 뜨거운 불길은 점점 다가오고 그보다 먼저 연기로 질식해 죽을 것 같을 때, 그 집 안에 갇혀 있던 사람들이 할 수 있는 선택은 창문 밖으로 뛰어내리는 것밖에 없을 것이기 때문이다. 물론 창문 밖으로 뛰어내리게 되면 또 다른 맥락에서 죽을 가능성이 있지만, 그렇다고 해서 이런 상황에 죽음을 무릅쓰고 창문 밖으로 뛰어내리는 이들을 비난할 수 있을까? 이와 같은 비유는 결국 자살을 선택하는 사람들도 그렇게 할 수밖에 없는 나름의 이유가 있을 것이기 때문에, 그들을 비난하고 이상한 사람들로 볼 것이 아니라 이해하고 돕기 위한 노력을 해야 한다는 것이다. 당장 눈앞에 불길과 연기가 덮쳐오지 않는다면 누가 뛰어내려야겠다는 선택을 하겠는가. 그런 상황에 처했어도 소방차가 재빨리 도착해 자신을 구해준다면 누가 죽음에 대한 생각을 하겠는가. 따라서 근본적으로는 불이 나지 않도록 철저히 예방을 하는 것이며, 혹 불이 난다고 해도 빠른 대처로 목숨이 위태롭지 않을 것이라는 믿음을 갖게 하는 것이 필요할 것이다.

본 프로그램도 결국 그런 맥락에서 계획 및 운영이 될 것이기 때문에, 첫 세션부터 참여 학생들에게 그와 같은 의도가 잘 전달될 수 있도록 소개를 하고, 참여하는 동안 안전할 수 있도록 필요한 장치들을 마련할 필요도 있다. 그래서 참여 학생들이 마음을 조금씩 열어갈 수 있다면, 종합목표를 달성하는 것은 물론이고 각자 수립한 목표에도 도달 가능할 것이다.

2) 문학작품

도서 : 나는 죽음이에요 / 엘리자베스 헬란 라슨 글, 마린 슈나이더 그림, 장미경 옮김 /
    마루벌 / 2017

발그스레한 뺨, 푸른색 옷을 입고 머리에 꽃을 단 '죽음'이, 생을 다한 누군가를 향해 어디론가 향한다. 이른 아침에 출발하기도 하지만 늦은 밤에 출발하기도 하고, 바다 위 물안개 속이나 한줄기 가느다란 달빛 아래 어디서든 나타날 수 있는 죽음이 찾아가는 대상은, 보송보송한 털을 가진 작은 동물 혹은 덩치가 큰 동물, 주름이 많은 사람, 손이 작고 따뜻한 아이들이 되기도 한다. 그런데 대부분의 사람들은 죽음을 발견하면 그냥 지나가기를 바라며 문을 닫고 숨어버린다. 또 어떤 사람들은 죽음이 오면 무슨 일이 벌어질지 걱정한다. 그런 사람들에게 죽음은 "삶이 삶이듯 나는 그냥 죽음일 뿐이라고, 내가 있기 때문에 삶이 있고, 네가 있는 거라고" 말한다.

첫 번째 세션을 위해 이 그림책을 선정한 이유는, 이미 모든 사람들이 알고 있는 죽음이 예기치 않게 찾아오는 것이라는 점, 자살 또한 선택적 죽음의 한 형태일 수 있다는 점, 그렇지만 자연적인 죽음을 맞이하는 것의 가치에 대한 이야기를 나누면서 프로그램의 종합목표를 주지시키기 위한 목적이다. 관련 이야기를 나누면서 주의할 점이라면 자살 사고가 많은 학생들이 죽음에 대한 동기가 높아지는 등의 부정적 영향을 받을 수 있지 않도록 하는 것이다.

3) 관련 활동

① 프로그램 소개

프로그램 소개는 제목과 종합목표, 운영 기간과 빈도, 요일 및 시간, 세션 별 세부 내용, 더불어 치료사에 대한 부분까지 차분하면서도 상세하게 이루어질 필요가 있다. 그래서 참여자들이 어떤 프로그램에 참여할 것이며, 끝까지 열심히 임했을 때 어떤 도움을 받을 수 있는지 명확히 알 수 있도록 해야 한다. 때문에 만약 궁금한 점이 있으면 바로 물을 수 있게 하여 대답을 해줄 필요도 있다.

② 집단 서약서 작성

이 활동은 집단 프로그램에 참여할 참여자들에게, 프로그램의 원활한 운영과 종합 목표 달성을 위해 필요한 규칙에 서약하도록 하는 것으로, 일반적으로 정해진 시간에 늦지 않게 끝날 때까지 참석하기 등의 내용이 포함된다. 그런데 치료 장면에서 자살 위험이 있는 사람들을 만날 때에는 '생명 존중 서약서'를 받기 때문에, 이 내용을 아예 집단 서약서에 포함을 시키는 것도 좋겠다. 집단 서약서 양식은 〈관련 활동 1-1〉에 제시했다.

③ 자기 소개하기

자기소개는 치료사에게는 각 참여자들을 탐색하여 그 정보들을 치료에 반영할 수 있는 기회를 주고, 참여자들에게도 서로를 구분하여 인식하며 점차 친밀도와 신뢰감을 높일 수 있도록 돕기 위한 장치가 되어 준다. 그런데 보통 첫 세션에 하기 때문에 참여자들의 긴장감과 함께 부담감도 불러일으킬 수 있어서, 치료사들은 어떤 방법이 좋을까 많은 고민을 한다. 이에 본 프로그램에서는 실명이 아닌 별칭을 사용하는 것이 좋겠다는 판단 하에, 참여 학생들에게 A4를 세모꼴로 접은 '네임 텐트'를 나누어 준 다음 그곳에 각자가 불리고 싶은 이름을 적게 하는 방법을 선택하였다.

④ 자살 사고 점검

자살 사고 점검을 위해 선택한 '자살 생각 척도'는 Reynolds(1987)[57]가 개발하고 신민섭(1993)이 번안한 것으로, 청소년들의 자살 사고를 측정하고자 할 때 사용이 가능하다. 척도는 자살에 대한 생각 여부를 묻는 30개의 문항으로 구성되어 있으며, 각 문항 별로 '전혀 생각한 적 없다' 1, '전에 그런 생각을 한 적이 있지만, 지난달에는 한 적이 없다' 2, '한 달에 1번' 3, '한 달에 2-3번' 4, '일주일에 1번' 5, '일주일에 2-3번' 6, '거의 매일' 7 가운데 하나를 고르는 방식이다. 자살 사고 점검을 위한 척도는 〈관련 활동 1-2〉에 제시했다.

---

57) Beck, W. M. 1987. Suicidal Ideation Questionnaire : Professional Manual. Psychological Assessment Resources, Inc.

집단 서약서

나는 본 프로그램에 참여하면서
다음과 같은 약속을 철저히 지킬 것을 서약합니다.

1. 매 회, 끝까지 참여하겠습니다.

2. 말하고 싶은 내용을 주저하지 않고 발표하겠습니다.

3. 다른 참여자들의 이야기도 경청하겠습니다.

4. 이곳에서 나눈 이야기를 외부에서 발설하지 않겠습니다.

5. 프로그램에 참여하는 동안 어떠한 자살 시도도 하지 않겠습니다.

6. 나의 생명을 존중하고 사랑하며 어떠한 경우에도 자살로 생을
   마감하지 않겠습니다.

7. 자살 생각이 들면 도움을 청하겠으며, 자살 위험이 있을 경우
   상담자가 보호자에게 알리는 것에 동의합니다.

일자 :

참여자 :   (사인)

자살 생각 척도

아래에는 사람들이 때때로 할 수 있는 생각들이 제시되어 있습니다.

다음의 문항들을 자세히 읽어보시고 지난달 동안에 얼마나 자주 그런 생각을 했는지

해당되는 번호에 체크해 주세요.

문항	전혀 생각한 적 없다	전에 그런 생각을 한 적이 있지만, 지난 달에는 한 적이 없다	한 달에 1번	한 달에 2–3번	일주일에 1번	일주일에 2–3번	거의 매일
1. 내가 살아 있지 않는 편이 차라리 나을 것이라고 생각했다.							
2. 자살을 할까 생각했다.							
3. 어떻게 자살할 것인가에 대해 생각해 봤다.							
4. 언제 자살할 것인가에 대해 생각해 봤다.							
5. 사람이 죽어가는 것에 대해 생각해 봤다.							
6. 죽음에 대해서 생각했다.							
7. 자살할 때 유서에 무엇이라고 쓸 것인가에 대해 생각했다.							
8. 내가 원하는 것은 유언장으로 만들어 둘 생각을 했다.							
9. 사람들한테 내가 자살하려 한다는 것을 말할까 생각했다.							
10. 내가 없으면 주위 사람들이 더 행복할 것이라고 생각했다.							
11. 만일 내가 자살한다면 사람들이 어떻게 느낄까 생각했다.							
12. 살아 있지 않기를 바랐다.							
13. 모든 것을 끝장내 버리는 게 얼마나 쉬울까 생각했다.							
14. 내가 죽어버리면 모든 문제가 해결될 것이라고 생각했다.							
15. 내가 죽는다면 다른 사람들이 더 편해질 것이라고 생각했다.							

16. 자살할 수 있는 용기가 있었으면 좋겠다.							
17. 나는 애초에 태어나지 않았으면 좋았을 것이다.							
18. 기회가 있다면 자살할 것이라고 생각했다.							
19. 사람들이 자살하는 방법에 대해 생각했다.							
20. 자살 생각을 했지만 실제 행동으로 옮기지는 않을 것이다.							
21. 큰 사고를 당하는 것에 대해 생각했다.							
22. 인생은 살 가치가 없다고 생각했다.							
23. 내 인생은 너무 형편없이 엉망이어서 더 이상 살아갈 이유가 없다고 생각했다.							
24. 내 존재를 알리는 유일한 방법이 자살하는 것이라고 생각했다.							
25. 내가 자살하고 나면 사람들은 내게 무관심했던 것을 후회하게 될 것이라고 생각했다.							
26. 내가 죽거나 살거나 아무도 관심을 갖지 않을 것이라고 생각했다.							
27. 정말로 자살할 의도는 아니었지만 자해하는 것을 생각했다.							
28. 내가 자살할 수 있는 용기가 있을까를 생각했다.							
29. 상황이 더 좋아지지 않으면 자살하겠다고 생각했다.							
30. 자살할 권리가 있었으면 좋겠다.							

2 세션Session

1) 세부목표 : 생활 점검 1 – 스트레스

모든 질병에는 저마다 다른 원인이 있음에도, 유독 스트레스만은 만병의 근원이라고 한다. 이는 곧 스트레스가 그 정도로 나쁘기 때문에 가능한 받지 않으려 노력해야 하고, 혹 받았다면 가능한 빠르면서도 완전무결하게 해소해야 한다는 의미이다. 이와 같은 스트레스는 자살 사고를 넘어 자살 행동에도 영향을 끼친다. 따라서 생활 점검 첫 번째 순서로 참여 학생들은 어떤 맥락에서 스트레스를 받는가 알아보고자 한다.

2) 문학작품

시 : NO – 시집 '자물쇠가 철컥 열리는 순간' 中 / 조재도 지음 / 창비교육 / 2015

두 번째 세션을 위해 선정한 문학작품인 시 'NO'는, 상대에게 하고 싶은 말이 있었으나 그 말을 했을 때 벌어질 상황을 우려해 차마 하지 못한 주인공의 심정을 담고 있다. 특히 감정 단어 가운데 '불안'과 '께름칙'을 쓰고 있을 뿐 '스트레스'는 포함되어 있지 않지만, 결국 저런 감정들이 스트레스가 될 것이기 때문에 이 시의 내용을 바탕으로 학생들의 경험을 이끌어 내기 위해 선정했다. 시의 전문은 〈문학작품 2-1〉에 담았다.

3) 관련 활동

① 상황별 · 대상별 스트레스 점검

이 활동은 참여 학생들이 어떨 때 스트레스를 느끼는가, 얼마나 느끼는가에 대한 부분을 탐색하기 위한 것으로, 상황은 가정과 학교, 사회로, 대상은 가족과 친구, 선생님, 기타로 구분을 지었다. 또한 스트레스 정도는 100점 만점으로 표현하여 이해하기 쉽도록 하였다. 활동지는 〈관련 활동 2-1〉에 제시했다.

NO

- 조재도 -

아니요!
이 한마디를 못 해서
하루 종일 께름칙
일주일 내내 불안 불안

상대방이 화낼까 봐 무서워서
나를 어떻게 생각할까
두렵고 궁금해서
실망할까 봐
무안해할까 봐……

노!
아니, 싫어, 라고 말해야 할 때
그 말을 분명히 하지 못해서

하루 종일 불안 불안
일주일 내내 께름칙

『자물쇠가 철컥 열리는 순간 / 조재도 지음 / 창비교육』

상황별 · 대상별 스트레스 점검

여러분들도 분명히 스트레스를 받을 겁니다.

그렇다면 어떤 상황에서 어떤 대상에게 어느 정도를 받았는지 그 경험을 정리해 보세요.

상황과 대상은 연결을 짓거나 각각 작성해도 됩니다.

또한 점수는 100점 만점이며, 점수가 높을수록 스트레스 또한 크다는 의미입니다.

상황	대상	점수

3 세션 Session

1) 세부목표 : 생활 점검하기 2 - 무망감

금융계의 인디애나 존스라고 불리는 전설의 투자자 짐 로저스가 쓴 책 『위기의 시대 돈의 미래 / 전경아 옮김 / 리더스북 / 2020』에는 다음과 같은 내용이 담겨 있다.

내가 젊어서 돈을 벌고 싶었던 건 자유를 사고 싶었기 때문이다. 다른 많은 부자들처럼 비행기와 호화 주택을 갖고 싶어 돈을 벌려고 했던 게 아니다. 그저 자유를 사서 마음 내키는 대로 살고 싶었다. 그것뿐이었다.

실제로 돈을 벌고 나서 자유를 얻었다. 자유의 일부는 모험이기도 하다. 37살에 은퇴하면서 그토록 바라던 자유를 손에 넣고 전 세계를 장기간 여행할 수 있었다. 물론 지금도 오토바이를 타고 전 세계를 달릴 수도 있고 싱가포르 집 의자에 앉아 창밖을 바라볼 수도 있다. 이렇게 살아갈 수 있는 것은 단순히 내가 돈을 많이 벌었기 때문이 아니다. 돈 쓰는 방법을 제대로 익혔기 때문이기도 하다.

사람들은 대체로 권력과 명예를 얻기 위해 혹은 다른 이유로 필요 이상으로 많은 돈을 쓰려고 한다. 하지만 그 결말은 대부분 사람을 행복하게 만드는 것이 아니라 고뇌에 빠뜨린다. 많은 사람이 돈을 좇아 어리석은 행동을 하고 그러다가 파멸하기도 한다. 많은 돈을 갖고 있으면 위험한 일에 휘말릴 위험도 커진다.

저자의 말처럼 현 시대를 살아가는 사람들 대부분은 권력과 명예, 재력을 탐한다. 따라서 행복보다는 더욱 긴 고뇌의 시간에 빠지면서 결국 무망감에 이르는 경우도 많다.

무망감(hopelessness)이란, 내가 처한 상황 자체에 힘들어 하는 것이 아니라 나의 노력과 의지에도 앞으로의 미래가 달라지지 않을 것이라는 일종의 좌절감에서 나오는 감정이다. 결국 미래에 대한 희망과 삶에 대한 의미를 찾지 못하면서 나타나는 무망감은 우울이나 불안과도 깊은 관련이 있으며, 한 사람을 자살로 이끄는 커다란 심리적 요인으로 작용하기도 한다.

따라서 무망감을 떨쳐내기 위해서 노력을 해야 하는데, 이때 반복적인 일상에서 벗어나 환기적인 행동을 하는 것, 운동하기나 일기 쓰기, 미술 활동이나 뜨개질과 같은 것을 하면서 부정적인 생각이나 걱정을 멈추고 감각에 집중하며 오감을 자극하는 활동을 하는 것이 도움이 된다고 한다. 또한 '나는 잘 할 수 있어!', '열심히 해보자!', '좋은 결과를 얻을 거야!'와 같은 자기 암시를 통해 무의식을 자극하여 실제로 그런 결과를 얻을 수 있도록 응원과 격려의 메시지를 보내는 것도 좋다.

코로나-19 팬데믹이 장기화 되면서 무망감에 빠진 사람이 많다. 왜냐하면 사람들과의 만남이 제한된 것은 물론이고, 자신이 좋아하는 것들마저 자유롭게 할 수 없는 상황이 되었기 때문이다. 내가 좋아하는 것이 있다는 것, 그리고 그것을 하고 싶어 한다는 것은 삶에 대한 의욕이 있다는 것 아니겠는가.

2021년 9월부터 10월까지 총 16부작으로 JTBC에서 방송되었던 드라마 「인간실격」에 다음과 같은 대사가 나온다.

"좋아하는 게 있는 건 좋은 거예요. 좋아하는 게 없어지면 좋아하는 것만 없어지는 게 아니라 전부 다 없어져요. 예전엔 좋아하는 것도 있었고 싫어하는 것도 있었는데,

지금은 다 비슷비슷해요."

세 번째 세션의 목표는 참여 학생들의 '무망감'을 점검하는 것이다. 학교 밖 청소년이기 때문에, 그럼에도 학생이기 때문에, 혹은 다른 이유 때문에 겪고 있을 무망감을 제대로 점검할 수 있다면 치료에 큰 도움이 될 것이다.

2) 문학작품

노래 : 공허해 / B.I · MINO · BOBBY 작사, B.I · PK 작곡, PK 편곡, WINNER 노래 /
2014 S/S 앨범 / ㈜YG엔터테인먼트 기획 / YG PLUS 발매 / 2014

노래 자체는 연인과 이별을 하면서 그 달콤했던 꿈속에서 깨어나며 느끼는 공허감에 대해 이야기를 하고 있지만, '너'를 특정한 사람이 아닌 나를 공허하게 만드는 대상으로 생각한다면 결국 '무망감'에 이른 경로를 파악할 수 있을 것 같아 선정했다. 노래 가사는 〈문학작품 3-1〉에 제시했다.

3) 관련 활동

① 무망감 점검

Beck(1974)이 개발한 무망감 척도(Beck Hopelessness Scale)는 개인이 갖고 있는 부정적인 미래 기대를 측정하는 것으로, 신민섭, 박광배, 오경자, 김중술 등(1990)이 번안하였다. 총 20개의 문항으로 구성되어 있고 응답은 '참(예)' 또는 '거짓(아니오)' 가운데한 가지로 해야 한다. 20개의 문항 중에서 11개는 부정적(무망감을 나타내는)으로 구성되어 있고, 나머지 9개 문항은 긍정적(희망을 나타내는)인 내용으로 이루어져 있다. 따라서 긍정적인 내용으로 이루어져 있는 1, 3, 5, 6, 8, 10, 13, 15, 19번 문항은 역채점

한다. 점수 범위는 0에서 20까지이며, 총점이 높을수록 무망감 또한 심각하다고 해석한다. 다만 척도 자체가 일반 성인 이상에게 적용하도록 개발된 점, 피검자들의 국가 등 속해 있는 문화적 특성에 따라 정도의 차이가 발생할 수 있다는 보고가 있기 때문에, 그 부분을 고려할 필요가 있다. 일반적으로 0-3점은 정상 범위, 4-8점은 경도의 무망감, 9-14점은 중등도 무망감, 15점 이상은 심도의 무망감 상태로 분류한다.

공허해

- B.I · MINO · BOBBY 작사, B.I · PK 작곡, PK 편곡, WINNER 노래 -

거울 속에 내 모습은 텅 빈 것처럼 공허해

혼자 길을 걸어 봐도 텅 빈 거리 너무 공허해

Da ra dat dat dat dat dat dat, Baby don't worry

너란 꿈에서 깬 현실의 아침은 공허해

아침을 맞이하면서 다시 자각해 날 깨워주는 건 네가 아닌 알람벨

빌어먹을 침대는 왜 이리 넓적해 허허벌판 같은 맘에 시린 바람만 부네

나는 빈 껍데기 너 없인 겁쟁이 주위 사람들의 동정의 눈빛이

날 죽게 만들어 No! what a day 하루 시작하기 전에 무심코 본

거울 속에 내 모습은 텅 빈 것처럼 공허해 (미소가 없어 표정엔)

혼자 길을 걸어봐도 텅 빈 거린 너무 공허해 (내 마음처럼 조용해)

Da ra dat dat dat dat dat dat Baby don't worry (Da dat dat dat da ra)

너란 꿈에서 깬 현실의 아침은 공허해 (내 마음이 너무 공허해)

끝이 났네요 나의 그대여 어디 있나요 이제 우린

추억이 됐죠 행복 했어요 날 잊지 말아요 또 다시 만나요

좋았던 날들과 슬펐던 날들 힘들었던 날들과 행복했던 날들

이젠 지나 가버린 시간 속에 추억이 되어

과거에 머물러 있는 그대와 나는 over 현실로 돌아온 것 같아

삶의 이유가 사라져 머리가 복잡해

아침에 눈을 뜨면 가슴이 텅 빈 것 같이

공허함을 느껴 너를 만나기 전과 똑같아

거울 속에 내 모습은 텅 빈 것처럼 공허해 (미소가 없어 표정엔)

혼자 길을 걸어 봐도 텅 빈 거린 너무 공허해 (내 맘처럼 조용해)

Da ra dat dat dat dat dat dat Baby don't worry (Da dat dat dat da ra)

너란 꿈에서 깬 현실의 아침은 공허해 (내 마음이 너무 공허해)

끝이 났네요 나의 그대여 어디 있나요 이제 우린

추억이 됐죠 행복 했어요 날 잊지 말아요 또 다시 만나요

아직 아른거려요 눈을 감으면 점점 무뎌 지겠죠 시간이 지나면

후회하지는 않아요 좀 아쉬울 뿐이죠

보고 싶지는 않아요 그대가 그리울 뿐이죠

예전 같지 않은 내 모습이 점점 두려워 (미소가 없어 표정엔)

약해져만 가는 내 자신을 보기가 무서워 (내 마음처럼 조용해)

네가 없는 내 주위는 공기조차 무거워 (Da ra da ra ra ra ra dat)

너란 꿈에서 깬 현실의 아침이

끝이 났네요 (끝이 났네요)

나의 그대여 어디 있나요 (어디 있나요)

이제 우린

추억이 됐죠 행복했어요 (행복했어요)

잊지 말아요 (잊지 말아요)

다시 만나요

『2014 S/S / ㈜YG엔터테인먼트 기획 / YG PLUS 발매 / 2014』

한국어판 Beck의 무망감 척도

이 질문지는 여러분이 일상생활에서 경험할 수 있는 내용들로 구성되어 있습니다.

다음의 문항들을 자세히 읽어보시고 당신이 일상생활에서 느끼고 있는 바를

가장 잘 나타내 주는 문항에는 '예'에, 그렇지 않은 문항에는 '아니오'에 체크해 주십시오.

1. 나는 내 미래에 대해서 희망적이고 의욕적이다. 예 (   ), 아니오 (   )

2. 내 생활을 더 좋게 할 수 없기 때문에 차라리 포기하는 것이 낫다. 예 (   ), 아니오 (   )

3. 일이 잘 안 될 때 항상 이렇지는 않을 것이라고 마음먹으면 도움이 된다. 예 (   ), 아니오 (   )

4. 나는 10년 후에 어떻게 되어 있을지 모르겠다. 예 (   ), 아니오 (   )

5. 내가 가장 원하는 것을 성취할 수 있는 충분한 시간이 있다. 예 (   ), 아니오 (   )

6. 장래에 나는 내게 가장 중요한 일에서 성공할 수 있을 것이다. 예 (   ), 아니오 (   )

7. 나의 미래는 어두울 것 같다. 예 (   ), 아니오 (   )

8. 나는 내 인생에서 보통 사람보다 좋은 것을 더 많이 얻을 수 있을 것이다. 예 (   ), 아니오 (   )

9. 나는 현재 마음이 편치 않으며 앞으로도 그럴 것이다. 예 (   ), 아니오 (   )

10. 나에게 있어서 과거의 경험은 미래를 위한 좋은 준비가 되었다. 예 (   ), 아니오 (   )

11. 앞으로 일어날 모든 일들은 좋은 일보다 나쁜 일이다. 예 (   ), 아니오 (   )

12. 내가 정말로 원하는 것을 가질 수 있다고 생각하지 않는다. 예 (   ), 아니오 (   )

13. 나는 미래가 지금보다 더 행복할 것이라고 생각한다. 예 (   ), 아니오 (   )

14. 내가 원하는 대로 일이 잘 풀리지 않을 것이다. 예 (   ), 아니오 (   )

15. 나는 미래에 대해 큰 신념을 갖고 있다. 예 (   ), 아니오 (   )

16. 내가 원하는 것을 가질 수 없는 상황에서 어떤 것을 원하는 것은 바보 같은 일이다.

   예 (   ), 아니오 (   )

17. 나는 장래에 진정한 만족감을 느끼지 못할 것이다. 예 (   ), 아니오 (   )

18. 나에게 미래는 막연하고 불확실하게 보인다. 예 (   ), 아니오 (   )

19. 나는 미래에 나쁜 일보다는 좋은 일이 더 많이 있을 것이라고 생각한다. 예 (   ), 아니오 (   )

20. 내가 원하는 것을 얻기 위해 노력하는 것은 아마 소용없는 일일 것이다. 왜냐하면 나는

   그것을 갖지 못할 테니까. 예 (   ), 아니오 (   )

4 세션 Session

1) 세부목표 : 생활 점검 3 – 우울

「대한임상건강증진학회지」[58] 제22권 제1호에 실린 이재영 경성대학교 간호학과 교수의 논문 내용에 따르면, 질병관리청 2020 청소년 건강행태조사에 참여한 12-18세 청소년 5만 7,925명의 스마트폰 과의존 분석 결과 여학생의 스마트폰 과의존이 남학생보다 1.5배나 많았다고 한다.

스마트폰 과의존이란 스마트폰의 과도한 사용으로 자율 조절능력이 떨어지고, 이로 인해 사회적·신체적·심리적·행동의 부정적 결과를 경험하고도 스마트폰을 계속 사용하는 것을 일컫는 현상으로, 조사 결과 국내 청소년의 25%(여자 청소년은 30.0%, 남자 청소년은 21.2%)가 스마트폰 과의존을 경험했다는 것이다. 이처럼 여자 청소년의 스마트폰 과의존율이 남자 청소년보다 상대적으로 높은 것은 남자 청소년은 대개 게임을 하는데 스마트폰을 이용하는 반면, 여자 청소년들은 SNS 활동·채팅·인터넷 검색 등을 위해 스마트폰을 활용하기 때문이라고 이 교수는 분석했다.

더불어 이재영 교수는 논문에서 '청소년의 우울 증상과 외로움이 심할수록 스마트폰 과의존 가능성이 컸다'라면서, '스마트폰 과의존 청소년이 우울 증상을 보일 가능

---

58) Lee, Jae-Young. 2022. Effect of Loneliness and Depressive Symptoms on Smartphone Overdependence among South Korean Adolescents: A Nationwide Cross-Sectional Study. Korean J Health Promot, 22-1: 1-9.

성은 1.3배, 외로움을 느낄 가능성은 1.4배'였으므로, '청소년의 우울 증상과 외로움을 줄이면 스마트폰 과의존 해결에 도움이 될 것'이라고 진단했다.

네 번째 세션을 열면서 이 연구 결과를 인용한 이유는, 청소년들이 생활 속에서 스마트폰을 많이 사용하고 있기 때문이며, 그 행태가 가정 및 학교에서의 갈등 요인으로 촉발되기도 하기 때문이다. 그러므로 이와 같은 내용을 참고하여 참여 청소년들의 생활 속 우울 요인에는 어떤 것들이 있는지, 우울을 느끼는 정도는 얼마나 되는지 등에 대해 탐색을 하면 되겠다.

2) 문학작품
노래 : 낙화 – 앨범 '戀人' 中 / 김윤아 작사 · 작곡 · 노래 / 코너스톤 기획 /

　　　카카오엔터테인먼트 발매 / 1998

충청남도 부여군 부여읍 부소산에는 '낙화암(落花岩)'이라는 바위가 있다. 원래는 '타사암'이라 불리는 바위였는데, 나당연합군이 백제를 침략하자 백제의 3,000 궁녀가 꽃잎처럼 백마강에 몸을 던져 죽었다는 전설이 전해지면서, 이후 이와 같은 이름을 얻게 되었다.

네 번째 세션을 위해 선정한 문학작품 역시 '낙화'로, 가사를 보면 대부분의 사람들이 잠들어 있을 새벽 세시에 옥상에 올라 죽으려고 하는 학생의 이야기가 담겨 있다. 한창 꽃처럼 피어나 열매를 맺어야 할 나이인 학생에게 구체적으로 어떤 일이 있었는지는 알 수 없지만, 혼자 외로워하다가 우울감에 빠져 결국 그런 선택을 하려는 것 같다. 개인마다의 강도는 다르겠지만 외로움, 불안감, 우울 등의 감정을 느끼다가 죽어야겠다는 생각까지 해보지 않은 사람이 어디 있겠는가. 마침 참여자들이 학생들이기 때문에 동일시가 잘 될 것 같아서 선정한 노래이며, 가사의 전문은 〈문학작품 4-1〉에 옮겨 두었다.

3) 관련 활동

① 그림 이야기 검사(Draw A Story)

그림 이야기 검사(DAS)의 원래 목적은, 숨겨진 우울증이 있는 아동과 청소년들에게 그림 과제에 대한 그들의 반응을 통해 언어로는 접근할 수 없는 생각과 느낌에 대한 탐색 기회를 제공하고, 나아가 타인에게 해를 끼칠 가능성에 대한 측면까지도 확인하는 것이다. 즉, 사망의 주요 원인으로 자살이 부각되면서 아동 및 청소년들의 자살 또한 증가했기 때문에, 그림 이야기 검사(Draw a Story, DAS)를 통해 그러한 위험을 확인하는 것이다.

DAS는 개인 또는 집단으로 실시할 수 있다. 대상 연령은 5세부터 성인까지이며, 임상적 조사가 필요한 사람과 7세 미만의 아동에게는 개별 실시를 해야 한다. 검사 시간에는 제한이 없지만, 일반적으로 10분 이내에 과제를 끝낸다.

DAS는 사전검사와 사후검사로 사용해야 하는 A형 자극 그림 14장과, 인지적 기능 발달이나 정서 내용, 자아상, 유머 사용과 같은 다른 목적을 위해 제시되어야 할 B형 자극 그림 14장이 있다. 피검자들에게는 DAS그림을 제공하면서 "두 개의 그림을 선택하고, 그 그림을 가지고 어떤 일이 일어날 것인지 이야기를 상상해 보세요. 준비가 되었을 때 상상한 것을 바탕으로 어떤 일이 일어나고 있는지 그려보세요. 그림을 수정하거나 다른 것을 더 그려도 됩니다. 그림을 그린 후 제목이나 이야기를 쓰세요. 어떤 일이 일어나고 있는지, 그리고 나중에 어떤 일이 일어날지를 이야기해주세요."와 같이 지시를 하게 된다.

이때 만약 피검자가 다른 인물을 그리거나 단순히 자극 그림을 그대로 그리는 경우에도, 지시를 잘못 이해한 것이 아니라면 방해하지 않는다. 피검자가 그림을 그리기 시작한 후에는 대화를 최소화하고 간섭을 피해야 한다. 이어서 피검자가 그림을 다 그리면 제목이나 이야기를 쓰도록 요청하고, 준비된 공란을 채우게 한다. 만약 피검자가 쓰는데 어려움이 있을 경우 구술하게 하고, 그 내용은 준비된 공란에 정확하게 기술한다.

DAS 검사지와 평정 척도는 〈관련 활동 3-1〉에 담겨 있다.

낙화

- 김윤아 작사 · 작곡 · 노래 -

모두들 잠든 새벽 세시 나는 옥상에 올라왔죠
하얀색 십자가 붉은빛 십자가
우리 학교가 보여요
조용한 교정이 어두운 교실이
엄마, 미안해요

아무도 내 곁에 있어주질 않았어요
아무런 잘못도 나는 하지 않았어요

왜 나를 미워하나요? 난 매일 밤 무서운 꿈에 울어요
왜 나를 미워했나요? 꿈에서도 난 달아날 수 없어요

사실은 난 더 살고 싶었어요
이제는 날 좀 내버려 두세요
사실은 난 더 살고 싶었어요
이제는 날 좀 내버려 두세요

모두들 잠든 새벽 세시 나는 옥상에 올라왔죠
하얀색 십자가 붉은 빛 십자가
우리 학교가 보여요
내일 아침이면 아무도 다시는 나를 나를

『戀人 / 코너스톤 기획 / 카카오엔터테인먼트 발매 / 1998』

DAS (Draw A Story) 검사지

◎ 14개의 자극 그림 중 2개를 선택하세요.

◎ 그림 사이에서 어떤 일이 일어날지 상상해 보세요.

◎ 상상한 내용을 자유롭게 표현하세요. 자극 그림을 상상대로 바꾸는 것은 자유입니다.

◎ DAS 양식 A (자극 그림-1)

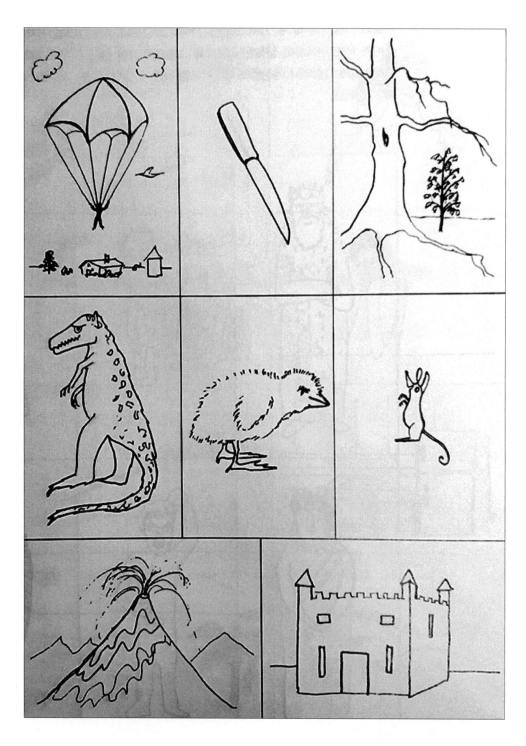

◎ DAS 양식 B (자극 그림-1)

◎ DAS 양식 B (자극 그림-2)

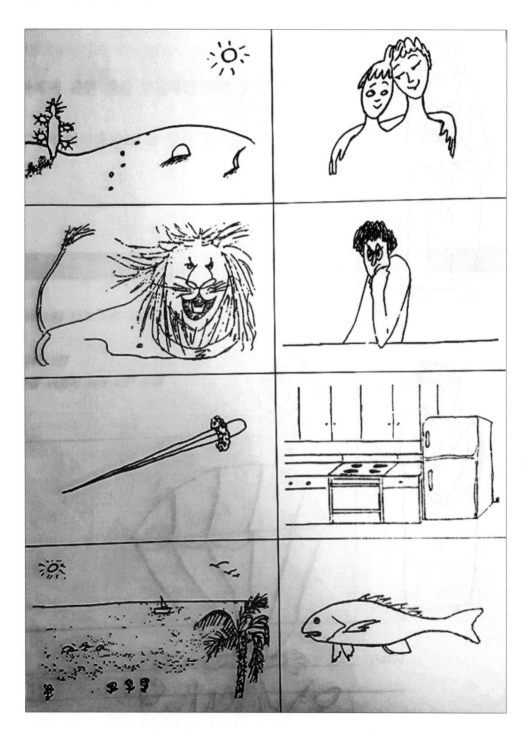

◎ 그림에 대해 설명해 주세요.

▶ 14개의 자극 그림 중 선택한 2개 그림의 번호를 적어주세요. (　　,　　)

▶ 현재 기분은 어떤가요?

　① 매우 행복하다　② 좋다　③ 화가 난다　④ 피하고 싶다　⑤ 슬프다

▶ 그림의 제목은 무엇입니까?

_____

▶ 그림의 이야기를 글로 표현해 주세요.

_____

_____

_____

▶ 이 일이 일어난 후에 어떤 일이 일어날까요?

_____

_____

▶ 찾은 2개의 그림 중에서 자신이 표현되어 있다면 무엇으로 나타나 있나요?

_____

_____

◎ DAS 양식 A 반응의 이야기 내용 평가를 위한 평정 척도

1점 : 강한 부정

a. 슬프거나, 고립되어 있거나, 도움을 받을 수 없거나, 죽을 위험에 처해 있는 인물

b. 파괴적, 살인적 또는 생명 위협적인 존재

2점 : 중간 정도의 부정

a. 좌절, 공포, 무서움 또는 불운한 인물

b. 스트레스를 느끼거나 적의가 있는 관계

3점 : 중간 단계

a. 애매하거나 갈등을 나타내는 부정적이면서 긍정적인 관계 또는 인물

b. 명료하지 않거나 분명하지 않은 관계 또는 인물

c. 부정적이든 긍정적이든 비정서적인 관계 또는 인물, 그려진 대상 또는 관계에 대해 표현된 감정이 없는 인물

4점 : 중간 정도의 긍정

a. 행운은 있지만 수동적인 인물

b. 친한 관계

5점 : 강한 긍정

a. 행복하거나 목표를 달성한 인물

b. 돌봐주거나 사랑하는 관계

세션 Session

1) 세부목표 : 생활 점검 4 – 사회적 지지

사회적 지지(social support)는 어떤 사람을 둘러싸고 있는 중요한 타인 또는 외부 환경에서 얻는 여러 가지 형태의 원조로서 이를 사회적 자원으로 볼 수 있으며, 이러한 여러 형태에는 무형의 정서적인 감정 지지나 정보 자원의 제공 또는 물질적 원조의 자산 제공 등 유형·무형의 사회적 지지를 폭넓게 포함한다. 현대에 들어서 많은 연구 결과 애완동물과의 일상생활에서의 경험 역시 높은 사회적 지지의 자원으로 언급되고 있으며, 심리적 가족 구성원으로 보고되고 있다. 이상과 같은 다양한 원조 원들은 사회적 지지원이라고 하며, 자신을 둘러싼 사회적 지지원의 관계를 사회적 지지망(사회적 지지 네트워크, social Support Network) 또는 소셜 네트워크라고 칭하기도 한다.[59]

인간은 사회적 동물이기 때문에 타인과 지속적인 유대관계 맺으며 상호작용을 해야 한다. 이와 같은 사회적 유대가 바로 사회적 지지망(social support network)인 셈인데, 한 개인은 이미 태내기부터 부모라는 사회적 지지망을 시작으로 태어나 자라면서 가족, 친구, 선생님, 이웃 등으로 관계를 확장하면서 심리 사회적 자원을 구축한다.

일례로 이지현이 수행한 '학교 부적응 청소년의 사회적 지지망 특성'[60]에 대한 연구

---

59) 위키백과. https://ko.wikipedia.org/wiki/%EC%82%AC%ED%9A%8C%EC%A0%81_%EC%A7%80%EC%A7%80

60) 이지현. 2001. 학교부적응 청소년의 사회적 지지망 특성에 관한 연구. 석사학위논문. 대구가톨릭대학교 대학원 사회복지학과. p. 43.

결과를 보면, 학교 적응 집단과 부적응 집단 모두 사회적 지지망 범위별 크기에서 '친구'를 가장 크게 지각하고 있었다. 이는 곧 청소년기에는 친구가 가장 중요한 사회적 지지망이라고 인식하고 있다는 것이다.

이에 다섯 번째 세션에서는 생활 점검 네 번째 시간으로 참여 청소년들의 사회적 지지 체계가 어떤지 확인해 보고자 한다. 나아가 이 결과는 아홉 번째 세션으로 연결해 보다 튼튼한 체계를 구축하는데 필요한 기반 자료로 활용할 예정이다.

2) 문학작품
시 : 살아남는 법 – 시집 '뱅뱅' 中 / 김선경 지음 / 푸른책들 / 2016

간결한 시로, 모든 생물이 그렇듯 치열한 노력이 더해져야 살아낼 수 있다는 내용을 담고 있다. 하지만 이때 지지 체계가 넓고 튼튼하다면 살아내는데 도움이 된다는 사실을 모두가 알고 있기 때문에, 그 부분과 연결 지어 이야기를 풀어내 보고자 선정한 문학작품이다. 시의 전문은 〈문학작품 5-1〉에 제시했다.

3) 관련 활동

① 사회적 지지 체계망 파악
이 활동을 하기에 가장 적합한 방법은 '마인드맵(생각 그물)'을 활용하는 것이다. 즉, 참여 학생들에게 A4 용지 한 장씩을 나누어 준 다음, 중간 부분에 동그라미를 하나 그린 뒤 본인의 이름을 적게 하고, 이어서 자유롭게 가지를 뻗어 본인과 연결 되어 있으며 도움이 필요할 때는 언제든 지지를 해줄 수 있는 자원들을 표현해 보라고 하는 것이다. 단순하게는 망이 다양하고 복잡한 것이 튼튼해 보일 수 있으나, 상세한 내용을 들어봄으로써 그 정도를 파악할 필요가 있겠다.

살아남는 법

- 김선경 -

여긴 물속이 아닌 물 밖의 세상

한데,

물속보다 더 많은
발버둥을 쳐야
살아남을 수 있다!

『뱅뱅 / 김선경 지음 / 푸른책들』

6 세션Session

1) 세부목표 : 생활에서의 자살 사고

통계청에서 조사해 발표[61]한 '연도별 청소년 자살 충동 여부'에 따르면 2018년도
에는 4.4%의 청소년들만이 자살 충동이 있다고 응답을 해, 역대 가장 낮은 비율을 기
록했다.

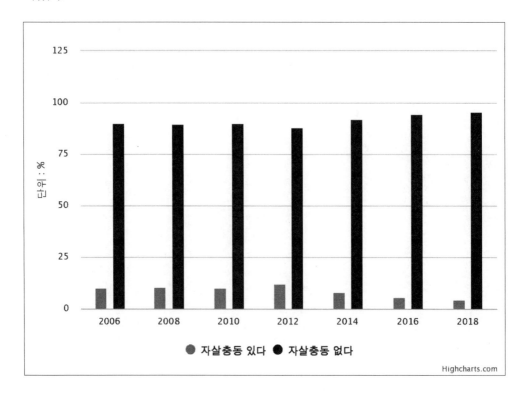

---

61) 사회보장위원회. http://ssc.go.kr/stats/infoStats/stats010100_view.do?indicator_id=353&listFile
=stats010200&chartId=1268

또한 '자살 충동 이유'를 살펴보면 조사한 년도에 관계없이 '성적 및 진학 문제'가 항상 1위를 차지했고, '경제적 어려움', '이성 문제, 친구 및 동료와의 불화', '가정불화', '외로움, 고독', '기타'가 뒤를 이었다.

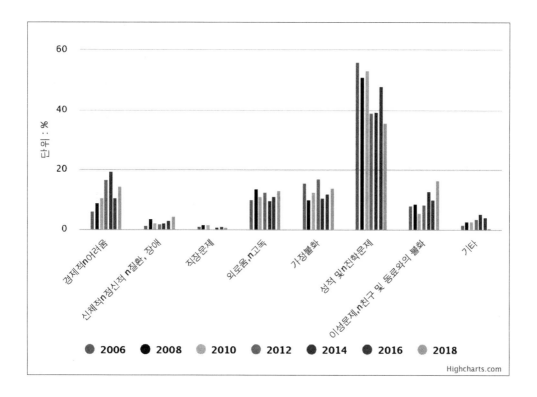

이상의 결과는 2018년도까지만 보여주기 때문에 코로나-19로 사회 환경이 급변했을 때의 추이는 알 수가 없지만, 어쨌든 청소년들의 자살 충동이 줄어들었고 계속 줄고 있다는 점은 다행스럽다고 할 수 있다. 그러나 자살 충동 이유가 학교와 가정 등 역시 청소년들에게 가장 중요한 곳들에서부터 비롯된다는 면에서는, 언제든 충동을 느낄 소지가 가까이에 있다는 것이기 때문에 안심할 수만은 없다고 할 수 있다.

이에 여섯 번째 세션에서는 학교 밖 청소년들이 생활 속에서 경험하는 자살 사고를 점검하는데 목표가 있다.

2) 문학작품

시 : O양의 유서 – H에게 – 수필집 '꽃은 젖어도 향기는 젖지 않는다' 中 / 도종환 글,

　　이철수 그림 / 한겨레출판사 / 2011

　사람들이 갖고 있는 가치관에 따라 누군가에게는 이 세상에서 가장 중요한 것이 공부, 1등, 돈, 명예일 수 있으나, 또 다른 사람에게는 친구나 꿈, 봉사와 같은 것들이 우선시 될 수 있다. 그런데 후자와 같은 가치관을 갖고 있는 학생이라고 하더라도 부모님이나 사회의 압박에 의해 자신의 꿈을 좇지 못해 불행하다고 느끼는 경우가 있다.

　여섯 번째 세션을 위한 문학작품은 행복하지 않기 때문에 죽으려고 쓴 유서 형식의 시로, 앞서 살펴본 자살 충동 이유가 포함되어 있어서 선정했다. 시의 전문은 〈문학작품 6-1〉에 옮겨서 담았다.

3) 관련 활동

① ○○에게 – 나의 자살 충동 이유 편지 쓰기

　이 활동은 여섯 번째 세션을 위해 선정한 문학작품이 편지 형식의 시라는 점에서 착안하여, 주변 사람 중 누군가에게 자신이 자살 충동을 느끼는 상황에 대해 고백하듯, 하소연하듯 글로 써보는 것이다. 활동을 위해서 참여 학생들에게는 줄 노트를 한 장씩 배부하고, 쓰고 싶은 내용을 원하는 만큼만 써보게 하면 되겠다.

O양의 유서 - H에게

- 도종환 -

난 1등 같은 것은 싫은데…
앉아서 공부만 하는 그런 학생은 싫은데,
난 꿈이 따로 있는데, 난 친구가 필요한데…
이 모든 것은 우리 엄마가 싫어하는 것이지.

난 인간인데
난 친구를 좋아할 수도 있고,
헤어짐에 울 수도 있는 사람인데.
(…)
공부만 해서 행복한 건 아니잖아?
공부만 한다고 잘난 것도 아니잖아?
무엇이든지 최선을 다해 이 사회에 봉사,
가난하고 불쌍한 사람을 위해 조금이라도 도움을 주면
그것이 보람 있고 행복한 거잖아.
꼭 돈 벌고, 명예가 많은 것이 행복한 게 아니잖아.
나만 그렇게 살면 뭐해?
나만 편안하면 뭐해?

『꽃은 젖어도 향기는 젖지 않는다 / 도종환 글, 이철수 그림 / 한겨레출판』

7 세션 Session

1) 세부목표 : 스트레스 해소

스트레스는 당신의 선택이다. 그리고 당신의 평온도 마찬가지다. - 루이스 휴

2) 문학작품
시 : 어떻게 풀까요? - 시집 '중학교 2학년' 中 / 임성관 지음 / 시간의 물레 / 2018

이 시는 어른들만큼 스트레스를 받지만 상대적으로 제약이 많아 그것을 풀 수 있는 공간과 방법이 많지 않은 청소년들의 상황을 표현하고 있다. 따라서 참여 청소년들이 읽으면 공감할 요소가 많을 것 같아 선정했다. 시의 전문은 〈문학작품 7-1〉에 담겨 있다.

3) 관련 활동

① 나의 플레이 리스트 만들기

음악 감상을 좋아하는 사람들은 자신이 좋아하는 곡을 모아놓은 플레이 리스트가 있게 마련이다. 이 활동은 바로 그 부분에서 착안한 것으로, 음악이 아니더라도 본인이 좋아해서 실천하면 스트레스 해소에 도움이 될 방법들을 차례대로 떠올려 적어보게 하는 것이다.

어떻게 풀까요?

- 임성관 -

어른들은 스트레스를 받으면
술도 마시고 담배도 피우며
쇼핑도 하고 여행도 떠나는 등
해소할 수 있는 방법이 많아요

하지만 우리들은 그렇지 않아요
술과 담배는 당연히 안 되고
쇼핑을 자유롭게 할 수도 없으며
홀쩍 여행도 못 떠나지요

노래방과 PC방은 밤 10시가 지나면
찜질방은 출입동의서가 없으면
들어갈 수가 없고
청소년 관람불가 영화도 못 봅니다

학생답게 건전하게 스트레스를 해소하라고 하시는데
놀이터에 모여만 있어도 나쁜 짓을 할 거라고만 생각하시니
딱히 방법이 떠오르지 않습니다
어디서 어떻게 풀어야 할까요?

『(청소년을 위한 인문학 교실 - 문학) 중학교 2학년 / 임성관 지음 / 시간의 물레』

1) 세부목표 : 위축된 사고 확장

'자살학의 아버지'로 불리며 평생 동안 자살 예방을 위한 연구와 치료에 헌신한 미국의 심리학자 에드윈 슈나이드먼(Edwin S. Shneidman)의 저서 『자살하려는 마음 / 서청희·안병은 옮김 / 한울아카데미 / 2019』의 내용에 따르면, 그는 자살의 원인을 '정신통(psychache)'이라는 단어로 압축해 설명하고 있다. 정신통은 상처, 고뇌, 마음을 장악한 아픔으로 공포, 염려, 외로움, 불안, 늙어가거나 초라하게 죽어가는 것에 대한 공포 등을 너무나 강하게 느끼는 것을 뜻하는 용어로, 살아 있는 사람들 누구나 겪을 수밖에 없는 현상이다. 그런데 특히 자살을 생각할 만큼 심한 정신통을 겪는 사람들은 그 통증으로 인해 지각이 위축되는 특징을 보이는데, 슈나이드먼은 위축을 집중하는 관심 영역이 좁아지거나 외골수가 되는 것이라고 했다. 즉, 심한 정신적 고통과 부정적 정서들은 사고와 지각의 폭을 좁히는데, 좁아진 지각은 현재의 고통에 더욱 집중하게 만들고 어려움을 해결하기 위한 다른 방법들, 좋은 기억들, 지지해 주는 친밀한 사람들을 떠올리는 것을 막는다는 것이다. 이런 특징은 잠재적으로 자살하려는 사람의 일상 대화에서 나타나는데, 그런 사람들은 전부 또는 전무라는 이분법적 사고가 반영된 단어들을 사용하거나 모든 자살 연구에서 가장 위험한 단어로 꼽은 '유일한'이라는 단어를 자주 쓰는 특징이 있다고 한다. 나아가 오직 지금의 고통에서 벗어나기 위한 방법은 죽는 것밖에 없다는 결론에 다다르게 된다는 것이다.

그렇다면 자살을 시도하는 사람들은 정말로 죽고 싶은 것일까? 이에 대해 슈나이드먼은 죽음을 택하려는 사람의 마음은 '양가적'이라고 단언한다. 즉, 죽고 싶은 마음도 있겠으나 분명 살고 싶은 마음도 있다는 것으로, 그의 연구에 따르면 자살자 혹은 자살 시도자들의 90%는 단서를 남겼다. 그들은 주변 사람들에게 힘들다는 메시지를 보내거나, 죽음에 대해 자주 이야기를 하고, 주변을 정리하는 등 여러 가지 방식으로 자신이 자살을 준비하고 있다, 곧 시행할 수도 있다는 점에 대해 암시를 한다. 간혹 자살자 혹은 자살 시도자들의 10% 정도는 죽음 직전까지 그 마음을 전혀 드러내지 않고 위장을 하지만, 이들 역시 '~뿐', '~밖에'와 같이 위축된 지각을 드러내는 언어 사용이 갑작스럽게 늘어나는 등의 특징을 보인다. 따라서 슈나이드먼은 자살을 하려는 자들이 남기는 이런 단서들이 '죽고 싶지만 살고 싶다'는 양가적 마음을 드러내는 것이라 했다. 즉, 도움을 요청하는 사인이라는 것이다. 실제로 자살을 하겠다며 한강을 가로지르는 대교에 올라갔던 사람들이 두려움을 느껴 살라달라는 구조 요청을 하는 장면은 이상과 같은 실례라고 할 수 있다.

그렇다면 '죽고 싶지만 살고 싶은' 사람들을 어떻게 도와야 할까? 슈나이드먼은 다음과 같은 방법을 제시하고 있다.

> 고통을 줄이고, 블라인더를 걷고, 압박을 줄이는 것이다. – p. 216

이 말은 곧, 욕구를 좌절시키고 정신통을 유발하는 환경적 요소들을 제거해 고통과 압박을 줄이고 시각을 가리고 있는 것들을 걷어내면서 위축된 지각을 넓히면, 살고 싶은 욕구가 떠오르면서 결국 삶을 선택할 것이라는 의미이다.

2) 문학작품

① 드라마 : 내일 / 박란 · 박자경 외 극본, 김태윤 · 성치욱 연출, 김희선 · 이수혁 등 출연 / MBC-TV 방송 / 2022년

2022년 4월에 시작해 5월까지 총 16부작으로 MBC-TV에서 방송된 드라마로, 죽은 사람을 인도하던 저승사자들이 죽고 싶은 사람들을 살린다는 설정의 휴먼 판타지이다.

여덟 번째 세션을 위해 이 작품을 선택한 이유는 1-2회에 등장했던 방송작가 은비가 학창시절 자신을 괴롭혔던 가해자를 인터뷰하게 되면서 정신통을 재 경험하는 장면이 나오기 때문이다. 이때 은비는 자신이 느끼는 고통을 주변 사람들에게 호소하지만, 왜 아직도 과거에서 벗어나지 못하냐며 오히려 핀잔을 듣는다. 때문에 은비는 그 고통에서 벗어나지 못하는 자신을 더욱 탓하며 죽음을 택하려 한다. 그때 등장한 구 팀장은 죽음은 자신의 고통을 나무랐던 사람들이 대했던 바로 그 태도로 스스로를 대하고 있는 것임을 상기시키며 은비의 위축된 사고를 넓혀주게 되고, 그 덕분에 은비는 잘 살아왔던 순간들을 떠올리며 자신의 삶에 행복도 함께 했음을 깨달으며 자살을 하지 않게 된다.

② 도서 : 배를 그리는 법 / 안도현 시, 연수 그림 / 풀과바람(바우솔) / 2022

초등학교 수업 시간, 선생님께서 바다 위에 뜬 배 한 척을 그려보라고 하자 아이들은 어떻게 그릴 것인가 고심한 끝에, 바람에 미끄러지는 돛단배, 멋진 수염을 달고 가는 증기선, 고기잡이배와 그물, 항구에 닻을 내리는 컨테이너선 등 저마다 다양한 생각을 도화지에 펼쳐 놓는다.

여덟 번째 세션을 위해 이 그림책을 선정한 이유는 참여 청소년들에게 한 가지 사

안에 대해 다양한 생각을 할 수 있다는 점, 그것을 나름대로 표현하는 것이 나쁘지 않다는 점에 대해 재인식시키기 위해서이다. 특히 부정적 경험들이 반복되어 비합리적 신념이 강하게 자리 잡고 있는 상태라면 그 이면에 대한 생각을 하지 못할 것이기 때문에, 자유 연상이나 브레인스토밍을 하듯 여러 생각들, 특히 긍정적인 측면들을 모색할 수 있는 기회를 만들어 주기 위해 선정했다.

3) 관련 활동

① 연상화 그리기

이 활동은 제시된 요소를 바탕으로 자신이 떠올린 것을 마음대로 그릴 수 있는 것으로, 모든 참여 학생들에게 같은 요소를 주어도 각자의 경험에 따라 다른 것들을 떠올려 표현할 수 있다는 점을 쉽게 인식시키기 위한 목적으로 활용하고자 선택했다.

활동지 제작 방법은 A4 용지 안에 한글의 자음이나 모음, 알파벳, 모양들 가운데 한 가지를 골라 담아 주면 되며, 추가로 색연필이나 사인펜 등의 채색 도구도 함께 준비하면 된다.

② 난화 상호 이야기 만들기

- 준비물 : 8절지, 색연필 혹은 사인펜 또는 색깔 볼펜
- 방법 : 참여 학생들을 두 사람 씩 짝 짓게 한다. 팀 당 8절지 한 장을 나누어 주고, 서로 다른 색깔을 하나씩 고르게 한다. 가위 바위 보를 통해 순서를 정한 뒤 서로 말없이 번갈아 가면서 한 번씩만 그림을 그린다. 이런 방식으로 각자가 30번 혹은 50번 씩 그리고 나면 그리기를 멈추고, 이야기를 나누면서 서로의 의도를 파악하며 생각의 차이를 경험한다.

9 세션 Session

1) 세부목표 : 사회적 지지 체계 구축

이 세션은 앞선 네 번째 세션에서 점검했던 참여 학생들의 사회적지지 체계망 결과를 가져와서 연결을 해야 한다. 그러면서 부족한 체계를 어떻게 보완할 수 있을 것인가에 대한 방안을 모색할 수 있도록 돕는 것이 목표이다.

2) 문학작품
노래 : 한숨 – 앨범 'SEOULITE' 中 / 종현 작사, 종현·위프리키 작곡, Philtre 편곡,
　　　 이하이 노래 / ㈜YG엔터테인먼트 제작 / YG PLUS 발매 / 2016

이 노래가 더욱 화제가 된 이유는 작사 및 작곡을 한 종현이라는 가수가 자살을 했기 때문이다. 그렇게 생을 마감한 뒤, 그가 만든 노래들의 가사에는 이미 자신의 우울과 죽음을 암시했다는 말들이 회자되기도 했는데, 이 노래 가사에도 누군가 자신의 아픔을 이해하고 안아주기를 바라고 있다는 느낌이 든다. 노래의 가사는 〈문학작품 9-1〉에 담겨 있다.

3) 관련 활동

① 사회적 지지 체계 구축 방안 모색하기

앞서 살펴본 바와 같이 한 사람에게 있어 사회적 지지 체계가 될 수 있는 것은 다양하다. 다만 혼자만의 바람이 아니라 실질적인 도움이 될 수 있는 체계여야 하므로, 참여 학생들이 그런 측면들을 고려해 구축할 수 있도록 안내할 필요가 있다. 실제 활동은 네 번째 세션과 마찬가지로 마인드맵(생각 그물) 형태로 진행하면 되겠다.

한숨

- 종현 작사, 종현 · 위프리키 작곡, Philtre 편곡, 이하이 노래 -

숨을 크게 쉬어봐요 당신의 가슴 양쪽이 저리게
조금은 아파올 때까지 숨을 더 뱉어봐요
당신의 안에 남은 게 없다고 느껴질 때까지

숨이 벅차올라도 괜찮아요 아무도 그댈 탓하진 않아
가끔은 실수해도 돼 누구든 그랬으니까
괜찮다는 말 말 뿐인 위로지만

누군가의 한숨 그 무거운 숨을
내가 어떻게 헤아릴 수가 있을까요
당신의 한숨 그 깊일 이해할 순 없겠지만
괜찮아요 내가 안아줄게요

숨이 벅차올라도 괜찮아요 아무도 그댈 탓하진 않아
가끔은 실수해도 돼 누구든 그랬으니까
괜찮다는 말 말 뿐인 위로지만

누군가의 한숨 그 무거운 숨을
내가 어떻게 헤아릴 수가 있을까요
당신의 한숨 그 깊일 이해할 순 없겠지만
괜찮아요 내가 안아줄게요

남들 눈엔 힘 빠지는 한숨으로 보일진 몰라도
나는 알고 있죠 작은 한숨 내뱉기도 어려운
하루를 보냈단 걸 이제 다른 생각은 마요
깊이 숨을 쉬어봐요 그대로 내뱉어요

누군가의 한숨 그 무거운 숨을
내가 어떻게 헤아릴 수가 있을까요
당신의 한숨 그 깊일 이해할 순 없겠지만
괜찮아요 내가 안아줄게요
정말 수고했어요

『Seoulite / ㈜YG엔터테인먼트 제작 / YG PLUS 발매』

10 세션 Session

1) 세부목표 : 자기 효능감 구축

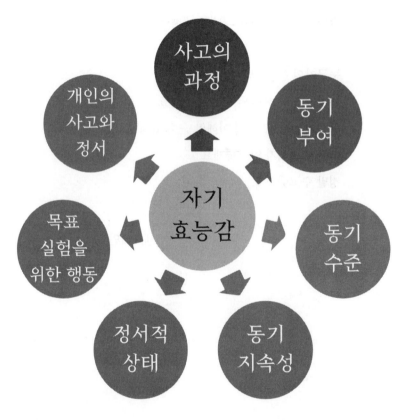

위 그림은 자기 효능감이 영향을 미치는 요소를 정리[62]한 것으로, 그야말로 개인의
사고와 정서는 물론이고 동기 부여와 동기 수준, 동기 지속성과 목표 실험을 위한 행

---

62) 에듀몬. https://edumon.tistory.com/157

동에 이르기까지, 자신을 믿고 꾸준히 실천해 나가기 위한 측면이자 그로 인한 긍정적 결과를 예측할 수 있는 내용들이라고 할 수 있다.

자살 예방을 위해 자기 효능감을 확인하고 결국 높이는 것이 중요한 이유는, 자신이 무엇인가를 해낼 수 있다는 믿음이 클수록 미래에 대한 기대감도 커질 것이기 때문에, 당연히 자살로 생을 마감해야겠다는 생각이 적거나 없을 것이기 때문이다. 이에 열 번째 세션에서는 참여 학생들의 자기 효능감을 높여주는 것이 목표이다.

2) 문학작품
도서 : 내가 없는, 내가 있는 / 조은지 글 · 그림 / 비룡소 / 2022

내가 없는 세상이 무슨 의미가 있을까, 결국 이 세상과 모든 것들이 의미가 있는 것은 내가 있기 때문이다. 그러나 '나'라는 존재는 하나이기 때문에 언제 어디에나 있을 수는 없다. 따라서 내가 있을 때와 없을 때의 풍경은 달라질 수밖에 없다.

이 그림책은 내가 없는 화장실에 있던 거미는 내가 나타나자 스르륵 도망치고, 내가 있는 친구는 나와 힘을 합쳐 장난감 블록을 혼자 쌓을 때보다 훨씬 높게 쌓을 수 있으며, 내가 신는 양말, 내가 먹는 빵, 내가 그림을 그리는 종이와 같은 사물들 역시 나로 인해 쓰임이 달라진다는 점을 보여준다. 다만 내가 '있는' 장면과 내가 '없는' 장면을 비교하며 유아들이 세상의 주인공인 '나'를 인식해 가며 대상의 영속성을 배우고, 인지적, 정서적 발달을 촉진시키는데 도움을 주려는 의도로 만들어진 작품이기 때문에 청소년들의 입장에서는 다소 유치하다고 여길 수 있다. 따라서 그림책을 읽고 발문을 통해 선정 이유를 체감할 수 있도록 해줄 필요가 있겠다.

3) 관련 활동

① 내가 있을 때의 가치 확인하기

이 활동은 내가 있을 때의 가치가 없을 때보다 확연히 차이나기 때문에, 그런 상황마다 내가 있어야 한다는 생각을 다시 한 번 함으로써 자기 효능감을 높일 수 있도록 돕는데 목적이 있다. 활동지는 〈관련 활동 10-1〉에 제시했으니 필요에 따라 수정 보완해서 사용하면 되겠다.

내가 있을 때의 가치 확인하기

내가 어딘가에서 누군가와 함께 있을 때,

혹은 무엇인가를 하고 있을 때의 가치는 어느 정도일까요?

상황 및 대상을 설정하고 자신의 가치도 점수(100점 만점)로 매겨보세요.

상황(대상)	가치 점수	그 점수를 준 이유

11 세션 Session

1) 세부목표 : 회복탄력성 구축

회복탄력성은 모든 사람들의 DNA에 존재하는 기본적인 능력으로, 스트레스나 역경에 대처하는 힘뿐만 아니라 자신의 에너지를 비축하여 마지못해 억지로 끌려가는 것이 아닌 주도적으로 자신의 삶을 살아갈 수 있는 능력을 뜻한다.

따라서 현실적인 계획을 세워 한 걸음씩 수행해 나가는 힘(목적성과 인내심)이자, 자신의 강점과 능력에 대한 긍정적이고 낙관적인 태도와 확신(경험 중시)이며, 의사소통과 문제 해결의 기술(관계의 기술)이자, 감정에 대한 이해와 조절능력(평정심)이라는 특징을 갖고 있다.

또한 신체적 영역(신체 근육과 뼈 등의 유연성, 내구성, 강인성), 정신적 영역(정신적 유연성, 주의집중력의 시간과 강도, 다양한 관점을 포용하고 통합하는 능력), 정서적 영역(감정적 유연성, 긍정적 관점, 감정적 자기 조절 능력), 영성적 영역(영성적 유연성, 가치 헌신도, 다양한 가치관과 믿음에 대한 관용)의 네 영역으로 구분할 수 있으며, 이 영역들이 서로 밀접하게 상호작용을 해야 한다.

이에 열한 번째 세션에서는 참여 학생들이 회복탄력성을 구축할 수 있도록 돕는데 목표가 있다.

2) 문학작품

노래 : 돌덩이 – 앨범 '이태원 클라쓰 OST Part.3' 中 / 광진 · 이치훈 작사, 박성일 작곡,
하현우(국카스텐) 노래 / 주식회사 블렌딩 기획 및 발매 / 2020

열한 번째 세션을 위해 선정한 노래 '돌덩이'는 인기 웹툰을 바탕으로 만들어진 드
라마 '이태원 클라쓰'의 OST이다. 제목에서 느껴지는 단단함처럼 가사 내용 중에도
깎일수록 깨질수록 더욱 세지고 강해질 거라는 표현이 있어, 어려움에 굴하지 않고
다시 일어서 갈 길을 가겠다는 측면을 바탕으로 회복탄력성에 대한 이야기를 나누고
자 선정했다. 노래 가사는 〈문학작품 11-1〉에 제시했다.

3) 관련 활동

① 회복탄력성을 높일 수 있는 방법 실천하기

『(나와 우리 아이를 살리는) 회복탄력성 / 최성애 지음 / 해냄』의 내용에 따르면, 회복탄
력성을 높일 수 있는 방법은 다음과 같다. 따라서 다음의 항목들 가운데 본인이 실천
할 수 있는 것을 고른 뒤 구체적 방안을 모색해 보면 되겠다.

· 과거를 바꾸려고 애쓰지 마라.
· 회복탄력적 사고를 하라.
　- 현실을 직시하고 긍정적인 의미를 발견하라.
　- 가능한 한 모든 수단을 강구해 해결책을 찾으라.
· 피해의식을 버려라. (용서의 힘)
　- 사건을 개인적 문제로 받아들이는 것
　- 문제를 확대 일반화하는 것
　- 문제가 영구적일 거라 믿는 것

- 규칙적으로 운동하라.
- 앉아만 있지 말고 무언가를 하라.
- 무작정 하지만 말고 앉으라. (명상)
- 인생에 적극적으로 뛰어들라.
- 흐름을 전환하라.
- 하루를 마무리할 때 고마워해야 할 새로운 일을 한 가지씩 생각해 보라.
- 친구와 소통하라.

돌덩이

- 광진 · 이치훈 작사, 박성일 작곡, 하현우(국카스텐) 노래 -

Hit me harder Make me strong

그저 정해진 대로 따르라고

그게 현명하게 사는 거라고

쥐 죽은 듯이 살라는 말

같잖은 말 누굴 위한 삶인가

뜨겁게 지져봐 절대 꼼짝 않고 나는 버텨낼 테니까

거세게 때려봐 네 손만 다칠 테니까

나를 봐 야이야 끄떡없어 우워어

쓰러지고 떨어져도 다시 일어나 오를 뿐야

난 말야 야이야 똑똑히 봐 우워어

깎일수록 깨질수록 더욱 세지고 강해지는 돌덩이

감당할 수 없게 벅찬 이 세상

유독 내게만 더 모진 이 세상

모두가 나를 돌아섰고 비웃었고 아픔이 곧 나였지

시들고 저무는 그런 세상 이치에 날 가두려 하지 마

틀려도 괜찮아 이 삶은 내가 사니까

나를 봐 야이야 끄떡없어 우워어

쓰러지고 떨어져도 다시 일어나 오를 뿐야

난 말야 야이야 똑똑히 봐 우워어

깎일수록 깨질수록 더욱 세지고 강해지는 돌덩이

누가 뭐라 해도 나의 길 오직 하나뿐인 나의 길

내 전부를 내걸고서 Hey

걸어가 야이야 계속해서 우워어

부딪히고 넘어져도 다시 일어나 걷는 거야

언젠가 야이야 이 길 끝에 서서

나도 한 번 크게 한 번 목이 터져라 울 수 있을 때까지

『이태원 클라쓰 OST Part.3 / 주식회사 블렌딩 기획 및 발매』

12 세션 Session

1) 세부목표 : 미래 목표 설정

다음은 목표 달성 명언으로 널리 알려진 것들 중 일부이다.

> 할 수 있는 능력이 있는데도 원하는 성장을 이루지 못하고 있는 것은 목표가
> 분명하지 않기 때문이다. – 폴 J. 메이어

> 살아가는 기술이란 목표를 세워 거기에 집중하는데 있다. – 앙드레 모로아

> 목표가 없는 사람은 목표가 뚜렷한 사람들을 위해 일하도록 운명이 결정된다.
> – 브라이언 트레이시

> 어떤 목표도 좌절과 방해를 겪지 않고 이루어지는 법은 없다. – 앤드류 매튜스

　이상의 명언들은 결국 내가 이루고자 하는 바를 명확히 알고 그에 맞는 목표를 세워 실천을 해야 한다는 내용들로, 그것이 거창하거나 다른 사람들을 위한 것이 아니더라도 결국 이루어야겠다는 동기가 부여되면 생의 의지 또한 높아질 것이라는 점과 연결 짓고자 인용을 했다.

　그러나 말은 쉽고 성취는 어렵기 때문에, 목표를 향해 나아가다가도 방해를 받다가

끝내 원하던 목표를 이루지 못한 채 큰 좌절감만 얻는 사람도 있을 것이다. 하지만 일곱 번을 넘어졌다가 여덟 번째에 성공을 했다는 사람도 있듯이, 포기하지 않고 목표를 수정하며 부족했던 부분을 찾아 보완해 나가다 보면 결국 성공을 누릴 수 있을 것이다.

이에 마지막 열두 번째 세션에서는 참여 학생들 스스로가 자신에게 동기를 부여할 수 있는 목표를 수립하도록 돕고자 한다.

2) 문학작품
도서 : 나는 생명이에요 / 엘리자베스 헬란 라슨 글, 마린 슈나이더 그림, 장미경 옮김 /
　　　마루벌 / 2018

이 그림책은 첫 번째 세션을 위해 선정했던 『나는 죽음이에요』와 같은 작가들이 만든 것으로, '생명'은 살아있는 모든 것들에 깃들어 있기 때문에 당연히 내게도 있고, 따라서 지치고 힘든 순간에도 내 곁에서 힘이 되어줄 거라는 메시지를 전해준다.

따라서 앞으로 살아갈 날이 더 많을 청소년들에게, 그 생명을 귀하게 여기며 행복하게 살아가라는 메시지를 주기 위해서 선정했다.

3) 관련 활동

① 미래 목표 설정하기
목표 설정 이론(goal setting theory)이라는 것이 있다. 이 이론은 1968년 에드윈 로크 (Edwin A. Locke)에 의해 제안된 동기 이론으로, 1988년 미국 응용심리학회 회원과 학술잡지 편집인의 설문조사 결과 동기부여 이론 가운데 가장 실용성이 높은 이론으로 선정되면서 관심을 받기 시작했고, 보통 조직에 속해 있는 사람들이 보다 나은 결과 도출을 위해 적용 및 분석하는데 활용이 된다.

이 이론은 개인의 성과가 그의 성격과 목표에 의해 결정된다는 것으로, 다음과 같은 단계로 이루어진다. 첫째 '현존하는 상황'으로 고려에 반영해야 할 조건들을 검토하는 과정이다. 둘째 '인지 평가 과정'으로 자신의 가치관에 따라 현 상황과 지향점에 대해 평가를 하는 과정이다. 셋째 '감정적 반응'으로 현재와 미래에 대한 만족 또는 불만족함을 검토하는 과정이다. 넷째 '목표 설정'으로 바람직한 미래를 향해 개선 혹은 유지 등의 목표를 결정하는 과정이다. 다섯째 '행동'으로 목표 달성을 위한 실행과 추구의 과정이다.

따라서 '미래 목표 설정하기' 활동은 이상과 같은 이론을 접목해 참여 학생들이 현재 상황을 고려하고, 인지 평가 과정과 감정적 반응을 살펴본 뒤, 목표를 설정하여 구체적인 행동까지 이어갈 수 있는 기반을 만들어 보는 것이다. 구체적인 활동지는 〈관련 활동 12-1〉에 제시했다.

② 참여 소감 나누기

미래 목표 설정하기

다음의 항목에 따른 내용을 정리해 보세요.

그러면 자연스럽게 여러분의 미래 목표와 함께 실천 방안이 모색될 것입니다.

현재 상황 점검	
인지 평가	
감정 평가	
목표 설정	
실천 방안	

세 번째 자살

성인 성소수자의 자살 예방을 위한
독서치료 프로그램

세 번째 자살

성인 성소수자의 자살 예방을 위한 독서치료 프로그램

❖ 1. 프로그램 목표 ❖

성소수자는 성적 지향이나 성정체성, 신체 등이 사회적 소수자에 해당하는 사람으로, 성적 지향에 따라 동성애, 양성애, 범성애, 무성애 등으로 구분되고, 성정체성에 따라 트랜스젠더, 시스젠더, 젠더퀴어 등으로 구분된다. 이 밖에 여성이나 남성 그 어디에도 해당하지 않는 인터섹스도 성소수자에 포함된다. 성소수자를 지칭하는 포괄적인 단어로 보통 사용되는 퀴어(Queer)는 원래 '이상한, 기묘한'이란 뜻으로, 이성애자들이 동성애자들을 비하하고 모욕할 때 쓰던 말이었다. 하지만 1980년대 동성애자들의 인권 운동이 활발해지면서, 성소수자들이 자신들의 문화를 포괄하는 용어로 바꾸어 사용하기 시작했다. 또한 LGBT는 성소수자 중 레즈비언(Lesbian), 게이(Gay), 양성애자(Bisexual), 트랜스젠더(Transgender)를 합하여 부르는 단어로, 퀴어(Queer)에 비하면 논쟁이 덜한 용어로 알려져 있다. 그밖에도 본디 LGBT에서 성 정체성을 고민하는 사람인 퀘스처닝(Questioning), 성소수자 모두를 포괄하는 단어인 퀴어(Queer)를 뜻하는 Q가 더해지며 LGBTQ, 무성애자(Asexual), 간성(Intersex), 아직 자신의 성정체성, 성적 지향에 의문을 품은 사람(Questioner)을 더한 LGBTAIQ(인도 등 동남아시아에서는 히즈라를 H로 표기하여 포함), 이 안에 범성애자(Opensexual, pansexual이라고도 한다)와 크로스드레서(Crossdresser)를 추가한 LGBTAIQOC와 같은 용어가 등장하기도 했다.

이상의 내용만으로도 성소수자의 범주에는 꽤 다양한 사람들이 포함되어 있음을 알 수 있다. 그러나 성소수자들의 결혼과 입양이 합법화 되는 등 점차적으로 인권이 개선되고는 있다고 하지만, 아직은 전 세계적으로 그들을 혐오하고 차별하는 문화가 남아 있기 때문에(특히 아시아권에서 그런 측면이 강하기 때문에), 여전히 많은 사람들이 자신의 정체성을 숨긴 채 살아가고 있다.

이와 같은 상황은 성소수자가 몇 명이나 되는지 통계를 내기가 어렵게 만드는데, 그 중 2020년에 입력된 YTN의 [와이파일] 인터넷 기사 내용[63]에 따르면, 2015년 기준 일본의 성 소수자는 전체 인구의 7%라고 한다. 또한 영국은 통계청 조사를 통해 전체 인구의 1.7%가 자신을 레즈비언이나 게이, 양성애자라고 밝혔고, 미국 질병통제예방센터는 미국 성인 가운데 2.3%가 동성애자나 양성애자라고 발표했다고 한다. 따라서 이런 조사 결과를 바탕으로 우리나라의 성 소수자는 전체 인구의 1% 이상이거나 1% 내외라고 추정하기 때문에, 총인구를 5천 1백만 명이라고 했을 때 성 소수자는 51만 명 이상으로 추정하고 있다. 추가로 가장 가까운 나라인 일본에서는 전체 인구의 약 10%가 성소수자임을 인정했고, 그 중 20%는 커밍아웃(coming out)[64]까지

---

63) 한동오. 2020. 4. 2. 입력. [와이파일] 성 소수자, 그리고 선거. https://news.v.daum.net/v/20200402081012866

64) 성소수자가 가족, 친구 등 사회에 자신의 성 정체성 등을 알리는 행위. 과거에는 밝히고 싶지 않은 자신의 사상 등을 숨기고 있다 드러내는 것을 뜻하는 표현으로 쓰였다. '벽장 속에서 나오다(coming out of the closet)'에서 유래된 단어로, '아웃팅(outing)'과는 다른 개념으로 쓰인다. 보통의 커밍아웃은 세 단계를 거

했다는 조사 결과가 2019년에 발표되기도 했다. 따라서 우리나라 성소수자 인구도 2015년에 비해 증가하지 않았을까 예측해 볼 수 있다.

그런데 문제는 성소수자가 정확히 몇 명이나 되는가를 정확히 밝히는 것을 넘어 그들의 우울감과 자살 위험도가 높다는데 있다. 2020년 1월에 창립한 성소수자 인권 증진을 위한 청년 활동가 단체인 '다움(다양성을 향한 지속가능한 움직임의 줄임말)'이 역대 성소수자 대상 설문조사 중 최대 규모인 3,911명을 대상으로 조사한 '2021년 청년 성소수자 사회적 욕구 및 실태조사' 결과[65]에 따르면, 전체 응답자의 41.5%는 최근 1년간 진지하게 자살을 생각한 것으로 나타났고, 8.2%는 최근 1년간 실제로 자살 시도 경험이 있는 것으로 나타났다. 한국보건사회연구원의 2020 「청년층 생활실태 및 복지욕구조사」에서 청년들에게 '자살에 대해서 진지하게 생각한 적이 한 번이라도 있는지'를 물었더니 단 2.74%만이 '그렇다'고 응답한 것에 비추어 보면 매우 높은 수치이다.

물론 이와 같은 결과가 도출된 데에는 여러 요인들이 작용을 했을 것이다. 또한 전반적으로 자살률이 높아지고 있기 때문에 이것이 성소수자들만의 문제라고만 보기도 어렵다. 그럼에도 소수자이기 때문에 겪는 더 큰 어려움이 있을 테고, 그것이 자살로까지 이어진다는 것은 국가적인 손해이자 안타까운 일이다. 이에 본 프로그램은 자살 위험도가 높은 성인 성소수자의 자살 예방을 위해 독서치료적 접근을 꾀하는데 목표를 두었다.

치게 되는데, 첫 단계는 자신의 성정체성을 자각하는 것, 두 번째는 가족과 친구 등의 주변 지인에게 자신의 정체성을 알리는 것, 세 번째는 자신을 둘러싼 사회에 이를 알리는 것이다. 일각에서는 단순히 숨기고 있던 어떤 사실을 드러내는 것을 모두 커밍아웃이라 지칭하기도 하지만 이는 단어의 사회성이 희석된다는 점에서 비판의 대상이 되기도 한다.

65) 정성조. 2022. 2021 청년 성소수자 사회적 욕구 및 실태 조사 결과. 『한국 성소수자 청년을 말하다 국회 토론회 자료집』. p. 71.

2. 프로그램 구성

　본 프로그램은 총 12세션으로 구성되었다. 프로그램에는 30대부터 50대까지 10명 내외의 성인 성소수자들이 참여할 수 있다. 물론 연배가 다르더라도 모든 참여자들이 성소수자이자 강력하게 자살을 시도하고 싶어 하거나 이미 시도한 경력이 있는 사람들이라는 공통점이 있겠으나, 그럼에도 서로의 이야기에 대한 공감대를 조금이나마 높이기 위해서 연령대를 조정하는 것이 좋겠다고 판단했다. 다만 성정체성의 측면이 더 중요하기 때문에 성별에는 제한을 두지 않는 것이 좋겠다. 이어서 세션 당 운영 시간은 2시간(120분)으로, 여느 독서치료 프로그램과 마찬가지로 각 세션별 세부목표에 따라 선정한 문학작품을 읽고 발문을 통한 이야기를 나눈 뒤 활동까지 이어질 것이다. 문학작품은 참여자들이 읽어오는데 부담이 없도록 그림책이나 시처럼 분량이 짧은 것을 위주로 선정하고, 만약 양이 많다면 미리 공지를 할 것이다. 또한 관련 활동은 이야기를 바탕에 깔면서 글쓰기와 미술, 연극과 놀이 등 여러 분야들을 시도함으로써, 참여자들이 가능한 자신을 표현할 수 있도록 도울 것이다. 다음의 〈표〉는 이상의 내용을 종합적으로 구성한 독서치료 프로그램의 세부 계획서이며, 프로그램이 운영되는 곳이나 참여자들의 상황에 따라 수정 보완을 할 수 있다.

〈표〉 성인 성소수자의 자살 예방을 위한 독서치료 프로그램 계획

세션	세부 목표	문학작품	관련 활동
1	마음 열기	도서 : 나의 젠더 정체성은 무엇일까?	프로그램 소개, 서약서 작성, 자기 소개하기, 자살 위험 평가하기
2	성정체성 드러내기	노래 : 우리가족 LGBT	나는 LGBTQ입니다
3	마이크로어그레션 경험 나누기	도서 : 인어를 믿나요?	다른 나 정립하기, 마이크로어그레션 경험 나누기
4	심리적 위기와 갈등 점검	노래 : 다	심리적 위기와 갈등 그래프 그리기
5	삶의 동기 설정하기	음악 : F.A.E. 소나타 중 '스케르 초 c단조'	안전 계획 수립하기
6	비합리적 신념 찾아 논박 하기	도서 : 허튼 생각	ABCDE 모형에 정리한 생각
7	인지 전략 개발 (합리적 신념 강화)	시 : 고요한 세상	합리적 대처 낱말 찾기
8	긍정 경험 찾기	도서 : 사랑 사랑 사랑	성공, 사랑, 지지받았던 경험 찾기
9	부적응적 정서 확인	시 : 흉터	최근 겪은 부적응적 정서 확인 후 합리적 수준으로 바꾸기
10	정서 이완	글 : 내가 배운 것들	후회와 죄책감 구분하기, 이완 기법
11	행동 전략 개발	도서 : 자유로 가는 길	사회와의 연결 방안 구축
12	긍정적 정체성 갖기	시 : 나로부터 나를	나를 사랑합니다 문장 완성하기, 참여 소감 나누기 및 종결

1 세션 Session

1) 세부목표 : 마음 열기

많은 사람들이 상담치료사가 되기 위한 길로 접어들고, 미래 유망 직업에도 이 분야가 포함되어 있는 것을 보면, 이제 우리나라도 상담치료가 보편화 되었다고 할 수 있겠다. 이는 곧 사회 곳곳에서 여러 사람들을 위한 상담치료가 행해지고 있다는 의미일 텐데, 그럼에도 여전히 많은 상담치료사들이 만나기를 꺼려하거나 만나고 싶어도 쉽게 대면하기 어려운 대상들이 있다.

이 범주에는 성소수자들도 포함되는데, 그들이 일반 상담치료 장면에 모습을 내보이지 않는 첫 번째 이유는 자신의 성정체성을 밝히고 싶어 하지 않기 때문이다. 또한 성정체성을 밝히면서 그 부분에 대한 상담을 시도했을 때 상담치료사가 충분한 도움을 줄 수 없을 것이라는 믿음을 갖고 있는 것이 두 번째 이유이며, 상담치료를 받는 분들이라면 대부분 갖고 있는 자신의 정보가 노출될지도 모른다는 생각으로부터 이어지는 두려움이 세 번째 이유이다.

이상과 같은 이유 때문에 성소수자들은 관련 단체 혹은 그곳과 연계된 기관으로 가거나, 자신의 성정체성을 숨긴 채 상담치료에 임하는 경우가 많다. 이는 결국 상담치료 효과가 떨어지는 결과로 이어질 수도 있기 때문에, 선입견을 갖지 않고 성소수자들을 충분히 도울 수 있는 전문가들이 많이 양성될 필요가 있다.

이에 본 프로그램 첫 번째 세션에서의 마음 열기는 기존 프로그램 첫 세션의 마음 열기와는 다르게, 우선 치료사 스스로 '내가 진정 성소수자들을 도울 수 있는 사람인가?'에 대해 생각해 보는 기회를 갖기 바라는 마음이 강하다. 특히 치료사 본인에게 성소수자에 대한 일말의 선입견이라도 남아 있다면 해소를 한 뒤 도전하기를 바라고, 성소수자들의 다양한 젠더 정체성과 역할에 따른 호칭, 문화 등 가능한 많은 것들을 상세히 알기 위한 노력도 기울일 필요가 있음을 다시 한 번 강조하는 바이다. 성소수자들은 상담치료사의 호기심만으로 만나서는 안 될 만큼 많은 상처를 갖고 있는 사람들일 수 있다.

2) 문학작품

도서 : 나의 젠더 정체성은 무엇일까? / 테레사 손 글, 노아 그리니그 그림, 조고은 옮김 /
　　　보물창고 / 2020

타고나는 생물학적 성(sex)과 달리 '젠더(gender)'는 스스로가 어떻게 느끼고 생각하는지, 무엇을 원하고 되고 싶은지에 따라 결정되는 후천적이면서도 사회적인 성이다. 이 그림책의 주인공 루시는 트랜스젠더 여성, 동생 자비에르는 시스젠더 남성, 그리고 루시의 친구 제이와 알렉스는 논바이너리로 등장하면서, 그들의 이야기를 통해 젠더 정체성의 여러 개념들을 쉽고 명확하게 전달해 준다.

첫 번째 세션을 위해 이 문학작품을 선정한 이유는, 참여자들에게 사회 발전에 따라 개인의 자유와 다양성이 더욱 존중되면서 젠더 정체성도 그만큼 커졌다는 점을 재인식시키고 싶었기 때문이다. 또한 그 부분을 가족 등 타인들에게 밝히지는 못하더라도 자신과 사회에 더욱 떳떳할 필요도 있다는 점도 부각시키고 싶었기 때문이다. 이런 내용의 책들이 나오기 시작했고 점차 종수가 많아지고 있다는 것만 봐도, 세상이 달라지고 있다는 반증이 아닐까?

3) 관련 활동

① 프로그램 소개

언제, 어디에서, 어떤 대상자들을 위한 프로그램을 운영하든, 소개는 공식적인 첫 번째 활동이다. 따라서 긴장과 어색함 등으로 놓치는 부분이 있거나 딱딱하게 전달될 수도 있는데, 충실도에 따라 참여자들의 이해도 및 참여도 등이 달라지기 때문에 최선을 다해야 한다. 소개 내용에는 프로그램의 종합목표, 총 기간, 요일 및 시간, 세션별 세부목표와 선정한 문학작품, 해당 문학작품을 미리 찾아 읽어 와야 하는지의 여부, 관련 활동을 위한 준비물 등에 이르기까지 자세하게 담길 필요가 있다.

② 서약서 작성

본 프로그램은 자살 경향성이 높거나 자살 시도 경험이 있는 성소수자들을 위한 집단 독서치료다. 따라서 작성해야 할 서약서가 두 종인데, 첫 번째는 집단 프로그램이기 때문에 서로의 안전성을 확보하면서 치료 효과를 높이기 위한 목적의 '집단 서약서', 두 번째는 프로그램 기한을 포함해 자신의 생명을 가장 소중히 여기겠다는 다짐인 '생명 존중 서약서'이다. 서약서는 이미 작성되어 있는 내용을 읽고 각 참여자가 이름을 적고 사인만 하면 되기 때문에 짧은 시간 내에 끝날 수 있다. 그렇지만 굉장히 중요한 작업이기 때문에, 해당 내용을 다 같이 소리 내어 한 번씩이라도 읽고 그 의미도 설명해 주는 것이 좋다. 두 종의 서약서 양식은 〈관련 활동 1-1〉과 〈관련 활동 1-2〉에 제시했다.

③ 자기 소개하기

성소수자들은 온라인 및 오프라인 활동 시 대부분 본명 대신 별칭을 사용한다. 이 별칭은 성소수자로서의 개성을 담아서 만든 것일 수 있기 때문에 본명 못지않게 중요한 의미를 지녔을 가능성이 높다. 따라서 집단 독서치료 프로그램 내에서도 그 별칭을 그대로 사용하도록 하거나, 본인이 원치 않으면 다른 별칭을 짓게 하는 것도 좋다. 각 참여자가 프로그램 내에서 사용하기를 원하는 별칭을 정했다면, 원하는 사람부터 소개 시간을 갖도록 하자.

④ 자살 위험 평가하기

이미 자살을 시도했던 사람이거나 자살 경향성이 높은 사람이라면, 분명 기회가 될 때 다시금 자살을 시도할 가능성이 높다. 따라서 치료사들은 그들의 자살 시도와 결국 자살로 생을 마감하는 것을 막아야 하기 때문에, 위험도가 얼마나 되는지 평가해 보는 것이 좋다. 이에 '자살 위험 평가하기'를 첫 번째 세션에 포함시켰는데, 상담치료사가 먼저 자살에 대한 이야기를 하는 것은 다음과 같은 측면에서 도움이 될 수 있다.

첫째, 참여자들이 자신의 경험을 말하는데 도움이 된다.
둘째, 참여자들이 문제를 솔직하게 털어놓아도 되겠다는 안도감을 준다.
셋째, 자살에 대해 생각해 본 적이 없는 참여자들에게는 삶에 대한 통찰과 안도감을 준다.

이때 자살 위험을 평가하는 사람의 자세는 차분하면서도 직접적이어야 하는데, 다음은 자살 위험 평가에 있어 중요한 여섯 가지 요인을 정리한 것이다.

㉠ 위험에 대한 자기 보고

다음과 같은 질문을 통해 위험 정도를 가늠해 볼 수 있다.

"얼마나 자주 자살을 시도할 생각을 하나요?"
"그러한 상황에서 얼마나 오랫동안 자살하지 않고 견딜 수 있나요?"

ⓒ 자살 계획

다음과 같은 질문을 통해 구체적인 자살 계획을 수립하고 있는 것이 발견되면 즉각적으로 개입할 필요가 있다.

- 치명성 : 투신을 하거나 목을 매는 것이 숨을 참거나 굶는 것보다 훨씬 치명적이다.
- 도구의 유용성 : "수면제나 농약을 갖고 있나요?"처럼 구체적이면서도 명확하게 질문해야 한다.
- 과정의 상세성 : "유서를 써 두었나요?"나 "물건을 주변 사람들에게 나누어 주었습니까?" 와 같이 이미 어떤 준비를 하고 있는가에 대해 구체적으로 질문해야 한다.

ⓒ 자살력

주변 지인들 가운데 영향력이 있는 사람이 자살을 했다면 그에 따라 충동을 더 크게 느낄 수 있다. 따라서 그런 사람이 있는지, 있다면 어떤 관계였는지 확인할 필요가 있다. 실제로 자살력이 있는 환자의 10%는 자살에 성공한다는 통계도 있다.

ⓔ 심리적 증상

- 2주 이상 불면증이나 과다 수면, 또는 자다가 종종 깨거나 너무 일찍 일어나는 등의 문제가 지속되었는가?
- 2주 이상 슬프고 우울하거나, 예전에 즐거워했던 일들에 대한 흥미를 잃었는가?
- 2주 이상 무력감과 죄책감을 느끼는가?
- 상당 기간 동안 삶에 대한 절망감을 느끼는가?

알코올 중독 등의 중독 환자들, 조현병이나 양극성 장애 등의 정신장애를 갖고 있는 사람들은 자살 위험이 높은 편이다. 또한 증상이 개선되는 과정에서 자살 생각을 실천할 수 있는 힘이 생기기 때문에, 실행하는 경우도 있다.

ⓜ 환경적 스트레스

· 스트레스 관리 방법 알아보기
· 인생에서 겪은 중요 변화 경험 알아보기

이상의 내용을 포함한 Beck의 자살생각척도는 〈관련 활동 1-3〉에 담겨 있다. 이 척도는 총 19개의 문항으로 각 문항은 0점, 1점, 2점으로 채점되며, 0점에서부터 38점까지의 결과에 따라 다음의 〈표〉에 정리된 바와 같이 해석된다. 척도를 적용할 수 있는 대상은 청소년부터 성인까지이다.

〈표〉 Beck의 자살생각척도 해석 기준

청소년	대학생	성인	평가
16-19	14-17	9-11	경도
20-23	18-21	12-14	중증도
24점 이상	22점 이상	15점 이상	고도

이 척도 외에도 '사회복지법인 한국생명의전화'에서는 홈페이지를 통해 '자살위험성 평가'(https://www.lifeline.or.kr/news/appraisal.php)를 스스로 해볼 수 있도록 구성해 두고 있다. 해당 내용은 〈관련 활동 1-4〉에 옮겨 두었다.

집단 서약서

나는 본 프로그램에 참여하면서

다음과 같은 측면을 열심히 이행할 것을 서약합니다.

1. 빠지지 않고 끝까지 참여하겠습니다.

2. 모든 활동에 적극적으로 참여하겠습니다.

3. 다른 참여자들을 존중하겠습니다.

4. 이곳에서 나눈 이야기에 대해 비밀을 지키겠습니다.

20○○. ○○. ○○

성명 :   (인)

생명 존중 서약서

나는 나의 생명을 소중하게 생각하고 존중할 것을
다음의 내용에 따라 엄숙히 서약합니다.

1. 나는 나의 생명을 소중하게 여기겠습니다.

2. 나는 힘들고 어려울 때 혼자 고민하지 않고 반드시 다른
   사람에게 도움을 요청하겠습니다.

3. 나는 내 주변에 생명을 존중하지 않는 사람들을 발견할 때,
   그런 행동을 하지 못하도록 막고 기꺼이 도와주겠습니다.

20○○. ○○. ○○

성명 :   (인)

Beck의 자살생각척도

(Scale for Suicidal Ideation : SSI)

이 질문지는 여러분이 일상생활에서 경험할 수 있는 내용들로 구성되어 있습니다.
다음의 각 문항들을 자세히 잃어보시고, 당신이 일상생활에서 느끼고 있는 바를
가장 잘 나타내는 보기를 골라 점수를 표시해 주십시오.

NO	질문	보기	표시
1	살고 싶은 소망은?	0. 보통 혹은 많이 있다.	
		1. 약간 있다.	
		2. 전혀 없다.	
2	죽고 싶은 소망은?	0. 전혀 없다.	
		1. 약간 있다.	
		2. 보통 혹은 많이 있다.	
3	살고 싶은 이유/죽고 싶은 이유는?	0. 사는 것이 죽는 것보다 낫기 때문에.	
		1. 사는 것이 죽는 것이나 마찬가지다.	
		2. 죽는 것이 사는 것보다 낫기 때문에.	
4	실제로 자살시도를 하려는 욕구가 있는가?	0. 전혀 없다.	
		1. 약간 있다.	
		2. 보통 혹은 많이 있다.	
5	별로 적극적이지 않고 수동적인 자살욕구가 생길 때는?	0. 생명을 건지기 위해 필요한 조치를 미리 할 것이다.	
		1. 삶과 죽음을 운명에 맡기겠다.	
		2. 살기 위한 노력을 하지 않겠다.	
6	자살하고 싶은 생각이나 소망이 얼마나 오랫동안 지속되는가?	0. 잠깐 그런 생각이 들다가 곧 사라진다.	
		1. 한동안 그런 생각이 계속된다.	
		2. 계속, 거의 항상 그런 생각이 지속된다.	
7	얼마나 자주 자살하고 싶은 생각이 드나?	0. 거의 그런 생각이 들지 않는다.	
		1. 거의 그런 생각이 든다.	
		2. 그런 생각이 계속 지속된다.	
8	자살 생각이나 소망에 대한 당신의 태도는?	0. 절대로 받아들이지 않는다.	
		1. 양가적이나 크게 개의치 않는다.	
		2. 그런 생각을 받아들인다.	
9	자살하고 싶은 충동을 통제할 수 있는가?	0. 충분히 통제할 수 있다.	
		1. 통제할 수 있을지 확신할 수 없다.	
		2. 전혀 통제할 수 없을 것 같다.	

10	실제로 자살 시도를 하는 것에 대한 방해물이 있다면? (예: 가족, 동료, 다시 살수 없다는 생각 등)	0. 방해물 때문에 자살 시도를 하지 않을 것이다.
		1. 방해물 때문에 조금은 마음이 쓰인다.
		2. 방해물에 개의치 않는다.
11	자살에 대해 깊게 생각해본 이유는?	0A. 자살에 대해 생각해 본 적이 없다.
		0B. 주변 사람들을 조정하기 위해서: 관심을 끌거나 보복하기 위해서
		1. 주변 사람들의 관심을 끌고 보복하거나, 현실 도피의 방법으로
		2. 현실 도피적인 문제 해결 방법으로
12	자살에 대해 깊게 생각했을 때 구체적인 방법까지 계획했는가?	0. 자살에 대해 생각해본 적이 없다.
		1. 자살 생각을 했으나 구체적인 방법까지는 생각하지 않았다.
		2. 구체적인 방법을 자세하고 치밀하게 생각해 놓았다.
13	자살 방법을 깊게 생각했다면 그것이 얼마나 현실적으로 실현가능하며 또한 시도할 기회가 있다고 생각하나?	0. 방법도 현실적으로 실현가능하지 않고 기회도 없을 것이다.
		1. 방법이 시간과 노력이 필요하며 기회가 쉽게 오지 않을 것이다.
		2A. 생각한 방법이 현실적으로 실현 가능하며, 기회도 있을 것이다.
		2B. 앞으로 기회나 방법이 생길 것 같다.
14	실제로 자살할 수 있는 능력이 있다고 생각하나?	0. 용기가 없고 너무 약하고 두렵고 능력이 없어서 자살을 할 수가 없다.
		1. 자살할 용기와 능력이 있는지 확신할 수 없다.
		2. 자살할 용기와 자신이 있다.
15	정말로 자살시도를 할 것이라고 확신하나?	0. 전혀 그렇지 않다.
		1. 잘 모르겠다.
		2. 그렇다.
16	자살에 대한 생각을 실행하기 위해 실제로 준비한 것이 있는가?	0. 없다.
		1. 부분적으로 했다.(예: 약을 모으기 시작)
		2. 완전하게 준비했다.(예: 약을 모았다)
17	자살에 관한 글(유서)을 쓴 적이 있는가?	0. 없다
		1. 쓰기 시작했으나 다 쓰지 못했다. 단지 쓰려고 생각했다.
		2. 다 써 놓았다.
18	죽음을 예상하고 마지막으로 한 일은? (예: 보험, 유언)	0. 없다.
		1. 생각만 해 보았거나 약간의 정리를 했다.
		2. 확신할 계획을 세웠거나 다 정리를 해 놓았다.
19	자살에 대한 생각을 다른 사람들에게 이야기 한 적은 있습니까? 혹은 속이거나 숨겼습니까?	0A. 자살에 대해 생각해 본 적이 없다.
		0B. 다른 사람에게 터놓고 이야기했다.
		1. 드러내는 것을 주저하다가 숨겼다.
		2. 그런 생각을 속이고 숨겼다.

자살 위험성 평가

자살 위험 평가를 위한 10가지 질문

문항	질문	응답				
1	자살에 대해서 생각해 보셨습니까?	전혀 없다	한두 번 했다	종종 한다	자주 한다	항상 한다
		0	1	2	3	4
2	어떤 방법으로 자살을 시도하려 하십니까?	없다	약간	보통	구체적	매우 구체적
		0	1	2	3	4
3	자살을 위해 어떻게 준비해 오셨습니까?	없다	약간	보통	철저히	매우 철저히
		0	1	2	3	4
4	최근 생활 스트레스로 인해 얼마나 고통을 느끼고 계십니까?	없다	약간	보통	심각	매우 심각
		0	1	2	3	4
5	자신을 도와줄 가족이나 친구, 지인, 기관 등이 있습니까?	충분	있음	보통	약간	없다
		0	1	2	3	4
6	이전에 자살을 시도해 본 적이 있습니까?	없다	자살 위험	예측 가능 시도	한두 번 시도	여러 번 시도
		0	1	2	3	4
7	심리적 문제로 정신과 치료나 상담을 받은 경험이 있습니까?	없다	상담	1회	2회	현재 치료 중
		0	1	2	3	4
8	현재 알코올이나 약물을 얼마나 복용하고 있습니까?	없다	약간	보통	심각	약물 중독
		0	1	2	3	4
9	삶의 이유가 있다고 생각하십니까?	매우 크다	크다	보통	약간	없다
		0	1	2	3	4
10	자신의 문제를 해결하기 위해 어떻게 대처해 오셨습니까?	이성적 대처 능력	단기 이성적 대처능력	이성적 대처 능력 미약	비이성적 대처능력	총체적 대처 능력 장애
		0	1	2	3	4

▶ 자살 위험이 낮을 때 대응방법 : 1~19점

자살위험이 낮은 사람은 자살에 대해 한두 번 생각한 적이 있고, 구체적으로 자살 계획을 세우지 않았고, 현재 약간의 스트레스가 있는 상황이다. 자살을 시도해 본 적은 없으며 이전에 상담을 받아본 적이 한번 정도 있다. 알코올이나 약물을 조금 복용한 경험이 있고, 자신을 지지해 줄 가족이 있고, 삶의 이유가 있으며, 자신의 문제를 이성적으로 해결할 수 있는 사람이다. 자살위험이 낮을 때 위기개입 방법은 다음과 같다.

■ 해야 할 일
① 문제를 충분히 경청, 공감하면서 함께 하고 있다는 느낌을 갖게 한다.
② 있는 그대로 수용하면서 그의 내면적 고통과 불행을 이해하려고 힘쓴다.
③ 도움이 필요하면 언제든 상담자가 거기에 있다는 것을 알게 한다.
④ 언제든 망설이지 말고 도움을 청하도록 하고, 필요하면 전문가에게 도움을 받으러 갈 수 있음을 알려준다.

■ 피해야 할 일
① 내담자의 말을 비판하지 않고 있는 그대로 수용한다. : 내담자는 이미 자신에 대해 부정적인 평가를 내리고 있다.
② 충고를 강요하지 않는다. : 충고는 내담자의 문제해결을 찾는 기회를 부정하는 것이다.
③ 문제를 최소화 하지 않고 진지하게 받아들인다. : 어떠한 자살 시도도 진지하게 받아들여야 한다.
④ 무관심한 태도 혹은 방관자적 태도는 삼간다. : 자살은 상담자가 근거 없는 배짱과 만용을 부려서는 안 되는 문제이다.

▶ 자살위험이 중간 정도일 때 대응방법 : 20~29점

자살위험이 중간정도인 사람은 자살에 대해 자주 생각하고 구체적으로 자살방법이나 준비를 해보았다. 현재 스트레스가 많은 상황이고 과거에 자살을 시도해 본 적도 있다. 또한 자신을 지지해 줄 가족이나 친구가 많지 않으며 정신과 치료나 상담을 받아본 적이 있다. 알코올이나 약물을 복용해 보았고, 삶의 이유가 별로 없다고 생각하며, 문제에 대처하는 방식이 비합리적이다. 자살위험이 중간일 때 위기개입 방법은 다음과 같다.

■ 해야 할 일

① 자살하려는 이유를 경청, 공감하면서 신뢰관계를 형성해 나간다.

② 충분히 경청하면서 내담자의 현재 문제가 무엇인지 규명하도록 돕는다.

③ 내담자에게 자살계획에 대해 질문한다. : 구체적인 방법을 계획하고 준비하고 있다면 자살위험이 크다.

④ 몇 가지 즉각적인 대안들을 분명하게 제시한다. : 도움을 줄 수 있는 학교 혹은 지역사회 사람들

⑤ 내담자의 중요한 정보를 확보한다. : 내담자의 이름, 주소, 집 전화번호, 부모의 직장 전화번호 등

⑥ 자살시도의 위험성이 커 보이고 우울증과 같은 증상이 있어 보일 때는 정신과 의사의 협조를 받는 것이 안전하다는 것을 알려 준다.

⑦ 자살을 하지 않겠다는 약속을 받는다. : "나는 무슨 일이 있어도, 자살하지 않겠습니다."

■ 피해야 할 일

① 막연한 낙관론을 펴는 것은 바람직하지 않다. : "모든 것이 잘 될 거다.", "당신은 장점이 더 많다."

② 결정적인 묘수를 가르쳐 주려는 시도는 옳지 않을 때가 많다. : 오히려 성실히 듣고 공

감하는 태도가 중요하다.

③ 상담자는 침착성을 잃어서는 안 된다. : 침착성을 잃고 불안과 두려움을 보이면 내담자는 더 혼란에 빠진다.

④ 내담자가 처한 상황에 대한 전체를 다루려 하지 않는다. : 현재 이 자리에서의 상황과 문제를 다루도록 한다.

⑤ 긴 신앙적인 조언이나 삶에 대한 논쟁은 하지 않는다. : 내담자의 생각이 옳고 그름을 따지는 것은 도움이 안 되고 일단 그들을 보호하는 것이 중요하다.

▶ 자살 위험이 높을 때 대응방법 : 30점 이상

자살위험이 높은 내담자는 자살에 대해 항상 생각하고 있고, 자살에 대해 매우 구체적인 방법으로 준비하고 있고, 현재 스트레스가 심각한 상황이다. 또한 자신을 지지해 줄 가족이 없고, 이전에 여러 번 자살시도를 해본 적이 있다. 정신과 상담을 여러 번 받아본 적이 있고, 현재 알코올이나 약물에 중독되어 있으며, 삶의 이유도 거의 없다. 그리고 자신의 문제에 대처하는 방식이 비합리적이고 파괴적이다. 자살위험이 높을 때 자살위기 개입방법은 다음과 같다.

■ 해야 할 일

① 경청과 공감을 통해 신뢰관계를 형성해 나간다.

② 계속 이야기할 수 있도록 해서 시간을 번다.

③ 안전한 환경을 조성하여 고 위험성 환경을 관리한다. : "그것을 아래로 내려놓으시오.", "약을 버리시오.", "높은 곳에서 한 발 내려오세요." 등

④ 지지해 줄 수 있는 사람이나 자원이 있는지 확인한다. : 종교, 가족, 친구, 동료 등 확인

⑤ 자살하지 않겠다는 약속을 받아 낸다. : 도움 제공을 위해 내담자 정보를 확인한다.

⑥ 생존 계획을 수립한다. : 안전성 확보, 적어도 3가지 전화번호 연결, 상황이 악화되었을

때 반드시 다시 연락을 줄 것을 약속한다.

⑦ 자살 이외의 다른 대안을 찾는데 집중한다.

⑧ 위기관리팀 혹은 지역 자살예방센터에서 지속적으로 도움을 준다.

■ 피해야 할 일

① 내담자에게 도덕적인 판단을 하지 않는다.

② 내담자를 혼자 남겨두지 않는다. : 목욕탕에 갈 때조차 함께 한다.

③ 내담자의 마음을 동요하게 하지 않는다.

- 모든 경우에 관심을 보여주고 솔직하고 침착한 태도를 지닌다.

- 자살에 대해 기꺼이 이야기할 수 있다는 것을 보여준다.

- 상담자는 자살에 대해 비난하지도 수용하지도 않는다.

- 상투적인 이야기는 꾹 참는다.

- 정말 이해한 것이 아니라면 이해한다고 이야기 하지 않는다.

- 내담자가 비밀유지를 요청했더라도 동의하지 않는다.

2 세션Session

1) 세부목표 : 성정체성 드러내기

영국의 사회학자인 Anthony Giddens는 그의 책 『현대성과 자아정체성 : 후기 현대의 자아와 사회』[66]에서 자아정체성의 개념을 후기 현대의 특성과 연결시켜 파악하려고 하였다. 그는 현대성을 산업화와 자본주의를 바탕으로 한 탈전통적 질서로 보고 있는데, 이때 중요한 것이 제도적 성찰성이라는 개념이다. 현대의 성찰성은 사회적 활동의 대다수 측면의 가변성, 또 자연과의 물질적 관계의 가변성을 뜻하며, 새로운 정보나 지식에 비추어 이루어지는 항상적인 수정을 말한다. 이것은 현대적 제도를 구성하는 것이며, 사회과학은 현대의 이러한 성찰성의 근본 역할을 한다고 볼 수 있다. 이 성찰성은 사회 제도의 측면에서만이 아니라 자아의 핵심으로까지 확대될 수 있다. 달리 말하면, 탈전통적 질서라는 현대성의 맥락에서는 자아는 한 인간의 '성찰적 기획'이 된다. Giddens는 자아는 다소 무형적인 현상이기 때문에, 자아정체성은 단순히 철학자들이 대상이나 사물의 '정체성'에 대해 말하는 것처럼 그것이 초시간적으로 지속된다는 식으로만 말할 수는 없다고 보았다. 자아의 정체성은 한 일반적 현상으로서의 자아와는 반대로 성찰적 인식을 전제하며, 그것은 개인이 '자기 의식'이라는 것 속에서 의식하고 있는 '그 무엇'이라고 하였다. 즉 자아정체성은 단순히 개인의 행위 체계의 연속성의 결과로 주어지는 어떤 것이 아니라, 개인의 성찰적 활동 속에서 관행적으로 창조되고 지속되어야 할 어떤 것을 말하는 것이다. 이는 자아정체성의 형성이

---

66) 앤소니 기든스 저, 권기돈 역. 2010. 『현대성과 자아정체성 : 후기 현대의 자아와 사회』. 서울: 새물결.

살아감에 따라 그저 이루어지는 것이 아니라, 끝없는 자기 성찰을 통해 이루어지는 것임을 의미한다.

다음의 〈표〉는 Cass[67]가 정리한 동성애 성정체감 발달단계이다.

〈표〉 동성애 성정체감 발달단계

단계	특징
1단계 정체성 혼란(identity confusion)	– 레즈비언이나 게이로서의 자신을 의심
2단계 정체성 비교(identity comparison)	– 자신과 동성애라는 특징을 지속적으로 비교. 자신에 대한 통찰을 통해 거부감과 슬픔 또는 불편함을 경험 – 혼란에서 벗어나기 위한 방법을 적극적으로 모색
3단계 정체성 내성(identity tolerance)	– 본인의 정체성에 대한 이해 – 자신의 정체감을 인정. 같은 동성애자들과의 관계 형성 시도
4단계 정체성 수용(identity acceptance)	– 자신이 동성애자라는 점을 이해하고 수용하는 단계 – 동성애자로 살아가는 사회적 기술을 습득
5단계 정체성 자긍심(identity pride)	– 사회적 환경과 자신의 불일치를 경험 – 이성애 우월주의로 인한 자신이 경험하는 불평등에 대해 이해 – 이성애에 비해 동성애에 대한 가치를 우선시
6단계 정체성 통합(identity synthesis)	– 성적 지향인 개개인의 정체성에 따라 다를 수 있으며, 모든 사람은 보편적일 수 없다는 사실을 인정

이어서 다음의 〈표〉는 Troiden[68]이 정리한 성정체감의 발달단계이다.

---

67) Cass, V. C. 1979. Homosexuality identity formation: A theoretical model. *Journal of homosexuality*, 4(3): 219-235.

68) Troiden, D. R. R. 1989. The formation of homosexual identity. *Journal of homosexuality*, 17(1-2): 43-74.

〈표〉 성정체감 발달 4단계

단계	특징
1단계 민감화(sensitization)	– 동성애는 부정적인 개념이므로 자신을 이성애자라고 생각하지만, 단지 또래에 비해 차이가 있음을 인지하며 생활하는 단계
2단계 정체성 혼동(identity confusion)	– 사춘기를 지나며 자신이 게이일지 모른다는 인식을 하는 단계 – 거부, 교정, 회피, 수락 등의 반응 유형이 있음
3단계 정체성 가정(assumption of identity)	– 동성애 커뮤니티를 시작하는 단계 – 자신과 같은 동성애자들과 소통하며 드러내기가 시작되는 단계
4단계 언약(commitment)	– 동성애자들의 생활양식을 받아들이고 동성 간의 사랑을 지속

마지막으로 다음의 〈표〉는 여기동과 이미형[69]이 정리한 남성 동성애자의 성정체감 발달단계와 정신건강이다.

〈표〉 남성 동성애자의 성정체감 발달단계와 정신건강

단계	특징
1단계 고위험기(혼란기-인식기-저항기)	– 정체성 혼란으로 인한 부정적인 심리상태를 경험 – 죄책감과 두려움, 우울 경험 – 사회적 지지 체계 부족
2단계 안정기(정체성 수용기)	– 역할에 대한 수용 – 죄책감, 수치심, 답답함, 역겨움, 가족 부담 등이 감소
3단계 건강증진기(정체성 자긍심기)	– 수용한 자신의 정체성을 바탕으로 자긍심 고취 – 타인에 대한 이해 – 인간관계가 향상

---

69) 여기동, 이미형. 2006. 한국 남성의 동성애 성정체성 발달과정과 정신건강. 『정신간호학회지』, 15(3): 289-298.

2) 문학작품

노래 : 우리가족 LGBT – 앨범 '이반지하' 中 / 이반지하 작사 · 작곡 · 노래 / 바른음원
　　　 협동조합 / 2019

　'이반지하'는 2004년 활동을 시작한 이후 지금까지 페미니스트, 레즈비언, 퀴어 정체성에 대한 소재를 바탕으로 현대미술, 애니메이션, 음악, 글에 이르기까지 다양한 분야에서 작품 활동을 하고 있는 퀴어 퍼포먼스 아티스트이다. 2세션을 위해 선정한 노래 '우리가족 LGBT'는 자신의 성정체성을 고백하거나 가족의 성정체성을 알게 되었다는 내용의 가사를 담고 있어, 세부목표인 '성정체성 드러내기'를 위한 최적의 작품이다. 노래 가사는 〈문학작품 2-1〉에 옮겨 놓았다.

3) 관련 활동

① 나는 LGBTQ입니다

　사실 성소수자 내에서도 다름에 대한 수용이 너그러운 편은 아니다. 이런 경향은 본 프로그램 내에서도 나타날 수 있는데, 만약 그렇다면 결국 종합목표를 이루는 것이 어려울 것이다. 따라서 이 활동은 다양한 성정체성을 갖고 프로그램에 참여한 분들에게 자신의 본모습을 솔직하면서도 자세히 공개할 수 있도록 하는 것이 첫 번째 의도이고, 더불어 서로에 대한 이해와 공감을 바탕으로 친밀도 및 신뢰감을 증진시키기 위함이 두 번째 목적이다.

　본 활동은 첫 번째 세션에서 나누었던 각자의 별칭을 넘어 성정체성을 밝히는 것이므로, 당연히 모든 참여자가 응해야 한다. "나는 레즈비언입니다. 역할은 부치이며 몇 살 때 데뷔를 했습니다.", "나는 게이입니다. 역할은 탑이며 몇 살 때 어떤 계기로 데뷔를 했습니다."와 같이 미리 소개 방식을 안내해 준 다음, 준비가 된 사람부터 차례대로 발표하는 시간을 가지면 된다. 이어서 발표가 끝나면 각자에게 인상적이었던 내용에 대한 소감을 나누고, 궁금한 점을 묻고 답하는 시간으로 이어가면 되겠다.

우리가족 LGBT

- 이반지하 작사 · 작곡 · 노래 -

여보 저 사실 레즈에요

한번도 사랑한 적 없어요

여보 저 사실 게이에요

한번도 사랑한 적 없어요

엄마 저 사실 남자에요

한번도 여자인 적 없어요

아 우리가족 LGBT

아 우리가족 LGBT 워우워어

여보 여긴 왠일이에요

퀴어축제 당신이 왜 있어

당신이야말로 기가막힐 노릇이군

우리 딸도 저기서 드랙하네요

아 우리가족 LGBT

아 우리가족 LGBT

아 성적소수자

아 성적소수자

우리 가족

『이반지하 / 이반지하 기획 / 바른음원 협동조합 발매 / 2019』

3 세션 Session

1) 세부목표 : 마이크로어그레션 경험 나누기

마이크로어그레션(microaggression)은 신체적 · 문화적 특징이 다른 사람들과 구별되는 사람들에 대한 미묘한 차별, 또는 그러한 차별을 담은 말이나 행동을 의미하는 단어다.

'마이크로어그레션'이라는 용어는 1970년에 정신과 의사인 Pierce가 아프리카계 미국인이 겪는 미묘하고 모호하여 인식하기 어려운 유해한 억압과 모욕을 설명하기 위해 사용하였다. Pierce는 "아프리카계 미국인들은 백인 중심 사회에 존재하는 마이크로어그레션으로 인해 자신들의 권리가 박탈되었다는 것을 의식하지 못한 채, 이러한 상황에 심리적으로 길들여져 있다는 점을 인식할 필요가 있다."라고 강조하였다.[70]

마이크로어그레션은 Sue와 동료들[71]의 연구를 필두로 인종뿐만 아니라 젠더, 소수 종교인, 성소수자 등 다양한 소수자와 소외집단(marginality)으로 적용 대상이 확장되었고, 심리학계뿐만 아니라 교육, 미디어, 정치, 산업 등 다양한 장면에서 그 개념을 활용하기 시작하였다. Sue와 동료들은 마이크로어그레션을 "소수자이거나 소외집단에

---

70) Pierce, C. 1970. *Offensive mechanisms. In F. B. Barbour* (Ed.), The Black seventies. Boston, MA: Porter Sargent. p. 472.

71) Sue, D. W. et al. 2007. Racial microaggressions in everyday life: Implications for clinical practice. *American Psychologist*, 62: 271-286.

속한다는 이유로 일상(everyday)에서 겪게 되는 모욕과 폄하를 의미한다. 이러한 모욕과 폄하는 고의적이고 명백한 차별의 형태로 발생하기도 하며, 미묘한 차별의 양상으로 나타나기도 한다. 명백한 차별은 고의적인데 반해 미묘한 차별은 비의도적이고 때로는 선의에서 비롯된다."라고 정의하였다.

Williams[72]는 마이크로어그레션이 차별의 형태이기 때문에 본질적으로 공격성을 지닌다고 주장하며, 이에 마이크로어그레션을 행하는 사람을 공격자(offender)라고 명명하는 것이 적절하다고 하였다. 또한 마이크로어그레션이 가해지는 대상은 그 자체로 공격의 대상이 되기 때문에 표적(target)이라고 명명하였다. 표적은 마이크로어그레션에 대한 노출로 인해 실제적인 피해를 입을 수도 있지만, 그렇지 않을 수도 있다. 만약 표적이 피해를 당한 경우, 표적이 아닌 피해자(victim)라는 용어를 사용할 필요가 있다고 하였다.

최근에는 개인이 가진 다양한 사회적 정체성(예: 장애 및 성적지향)과 관련한 교차적 마이크로어그레션(intersectional microaggressions)에 대한 개념이 등장해 사용되고 있다. 교차성(intersectionality)이란 '한 개인의 사회적 정체성은 단 한 가지 범주로만 규정될 수 없으며, 젠더, 인종, 사회계층, 장애 등 여러 측면이 상호 교차적으로 작용하여 형성된다. 따라서 개인에 대한 억압과 차별을 제대로 이해하기 위해 그가 갖는 복합적인 정체성 간의 상호작용을 분석하고 해석하는 것'을 의미한다.[73]

Sue와 동료들[74]은 차별에 대한 문헌을 바탕으로 마이크로어그레션을 세 가지 하위

---

72) Williams, M. T. 2019. Microaggressions: Clarification, Evidence, and Impact. *Perspectives on Psychological Science*, 15(1): 3-26.

73) 김혜민. 2020. 『LGB 내담자가 경험한 상담자의 마이크로어그레션 척도 개발 및 타당화』. 박사학위논문. 가톨릭대학교 대학원 심리학과 상담심리학전공. p. 13.

74) Sue, D. W. et al. 2007. Ibid.

유형으로 구분하였다. 첫 번째 '미묘한 공격(microassault)'은 상대를 공격하고 피해를 주기 위한 명백한 의도를 가진 언행을 의미한다. 미묘한 공격의 양상이 노골적이라는 점에서 전통적 차별(old-fashioned discrimination)과 유사하다. 미묘한 공격은 익명성이 보장되거나 다수가 함께할 때 더 자주 발생한다. 가령 익명의 온라인 공간에서 게이를 '똥꼬충'이라고 멸칭하는 것, 퀴어 퍼레이드 반대편에서 '동성애 반대' 구호를 외치는 것 등이 여기에 해당한다. 두 번째 하위 유형인 '미묘한 모욕(microinsult)'은 소수자에 대한 비하, 멸시, 모욕적인 언행을 의미한다. 미묘한 모욕은 분명한 의도성을 갖고 행해지기는 하지만, 그렇지 않은 상태에서 발생하기도 한다. 예를 들어 비장애인이 장애인에게 "희망을 잃지 마세요."라며 격려하는 것, 남성이 여성에게 "여자가 그런 운동을 하다니 멋있어요."라며 찬사를 보내는 것은 좋은 의도로 행해진다. 하지만 이러한 발언 속에는 '장애인은 불행하다', '여자는 남자보다 운동을 못한다' 등과 같은 소수자에 대한 편견이 내포되어 있기 때문에 당사자에게 불편감을 유발한다. 미묘한 모욕은 일상 속 환경에서도 자주 목격할 수 있다. 마지막으로 '미묘한 비타당화(microinvalidation)는 소수자의 생각, 감정, 경험적 현실을 배제, 부정 또는 무효화 하는 것을 의미하며, 대부분 의식화되지 않은 상태에서 발생한다. 미묘한 비타당화는 소수자의 경험 자체를 인정하지 않기 때문에 마이크로어그레션의 세 가지 하위 유형 중 가장 유해하다. "동성애자이기 때문에 연애가 어려운 게 아니고 연애는 원래 어려운 거야.", "여자들이 회사에서 커리어 쌓는 게 힘들다고 하는데, 그건 남자도 마찬가지야!" 등과 같은 발언은 사회구조 내에서 소수자가 맞닥뜨리는 어려움과 고통을 부인(blindness)하는 발언이라고 할 수 있다.

이상에서 살펴본 바와 같이 마이크로어그레션은 성소수자들이 겪을 수 있는 일들이다. 따라서 세 번째 세션에서는 자신을 정립해 볼 수 있는 기회를 주면서, 나아가 마이크로어그레션에 대한 경험을 함께 나누는 시간을 갖고자 한다. 분명 사회는 많이 변했고 그러면서 소수자들에 대한 인권도 신장이 되었다. 그러나 다수와 소수라는 구분 속에 사람이 살아가는 한 마이크로어그레션이라는 현상은 사라지지 않을 것이다.

그럼에도 글로벌 조사 결과 Z세대의 73%는 동성 결혼에 찬성하고, 74%는 트랜스젠더 평등권을 지지하며, 66%는 남성성과 여성성의 경계를 넘어서는 것, 즉 성별 초월에 찬성한다는 내용이 담긴 중앙일보 2020년 9월 21일자 기사는, 우리 사회에서 성소수자들을 있는 그대로 인정하고 수용해줄 날이 얼마 남지 않았다는 희망을 갖게 한다.

2) 문학작품
도서 : 인어를 믿나요? / 제시카 러브 글 · 그림, 김지은 옮김 / 웅진주니어 / 2019

줄리앙은 물을 좋아해서 일요일마다 할머니 손을 잡고 수영장에 간다. 그런데 인어를 좋아하기 때문에 그렇게 되고 싶다는 생각에, 할머니가 목욕을 하는 사이에 인어처럼 꾸미는 비밀 놀이를 시작한다. 목욕을 마치고 그 장면을 본 할머니는 놀라면서 자리를 피하지만, 다시 돌아와 줄리앙에게 아름다운 진주 목걸이를 건네준다. 이 그림책의 주인공 줄리앙은 남성이다. 그런데 보통의 남자 아이들과는 달리 인어가 되고 싶다는 꿈을 꾼다. 따라서 가족들에게도 수용받기 어려울 수 있는데, 할머니는 진주 목걸이를 건네주는 것으로 손자를 지지해 준다.

세 번째 세션을 위해 이 그림책을 선정한 이유는 참여자들이 다른 사람들과는 다른 내 모습을 정리하고, 그로 인해 받은 차별에 대한 이야기도 나누어 보기 위해서이다. 참여자들 주변에도 이 그림책 속의 할머니처럼 조용하면서도 따뜻하게 자신의 모든 것을 그대로 인정해 주는 사람들이 있었겠지만, 그렇지 않은 사람들이 훨씬 더 많았을 것이다. 따라서 줄리앙과 할머니의 모습은 이상적이라 여겨질 수 있다. 그럼에도 분명 그런 사람들이 있었고, 앞으로도 있을 거라는 희망은, 참여자들이 조금 더 힘을 낼 수 있는 원동력이 되어줄 것이다.

3) 관련 활동

① 다른 나 정립하기

이 활동은 본인만이 알고 있는 본인 그대로의 여러 모습들을 정리해보는 것으로, 그 중에서 마이크로어그레션 경험과 이어지는 것들이 있는지 살펴보는데 목적이 있다. 활동지 양식은 〈관련 활동 3-1〉에 담겨 있다.

② 마이크로어그레션 경험 나누기

이 활동은 각자 정리한 '다른 나 정립하기' 내용 가운데 마이크로어그레션을 겪게 만든 요인과 그 경험에 대해 이야기를 나누는 것이다. 참여자들에게는 비슷한 경험도 있겠지만 서로 다른 것들도 있을 것이고, 분명 정도의 차이도 느껴졌을 것이다. 따라서 마이크로어그레션의 유형을 간단히 알려준 다음 진행을 하면, 참여자들이 보다 상세하게 이야기를 할 수 있을 것이다.

다른 나 정립하기

이 세상에 나와 같은 사람은 단 한 명도 없습니다.

따라서 우리는 모두 다른 사람이라고 할 수 있습니다.

그렇다면 다른 사람과 구분되는 나에게는 어떤 면들이 있는지 아래 칸에 정리해 보세요.

정답은 없으며 떠오르는 항목은 왼쪽 칸에 추가할 수 있고,

세부 내용은 오른쪽에 적으면 됩니다.

신체적 측면	
인지적 측면	
정서적 측면	
행동적 측면	

세 션 Session

1) 세부목표 : 심리적 위기와 갈등 점검

2021년 초 이은용 작가, 김기홍 제주퀴어문화축제 공동조직위원장, 변희수 전 육군 하사 등 자신의 성정체성을 드러내고 사회에 적극적으로 목소리를 내온 트랜스젠더들이 연이어 사망한 사건이 발생했다. 이 사건들은 우리나라에서 성소수자로 살아가는 것에 따른 심리적 위기와 갈등이 얼마나 심한가를 다시 한 번 상기시켜준 것은 물론이고, 그와 같은 상태에 빠져 있는 성소수자가 있다면 발 빠르게 사회 안전망과 연계하는 것의 필요성도 부각시켜 주었다.

따라서 이번 세션에서는 참여자 각자가 느끼고 있는 심리적 위기와 갈등의 상황들을 살펴보고, 서로의 경험 나누기를 통해 도움이 될 수 있는 방안도 찾을 수 있도록 하는데 목표를 두었다. 만약 참여자들 가운데 개별 상담이 필요하면 성소수자 자살예방프로젝트 '마음연결'에서 언제든지 온라인 상담(https://chingusai.net/xe/online)을 받을 수 있고, 평일 오전 10시에서 오후 7시 사이 전화 상담(02-745-7942) 예약도 가능하다는 점도 공지해 주면 좋겠다.

2) 문학작품

노래 : 다 − 앨범 '공중부양' 中 / 장기하 작사 · 작곡 · 노래 / 카카오엔터테인먼트 / 2022

네 번째 세션을 위해 선정한 노래 '다'는 2022년 2월 22일에 발매된 앨범 『공중부양』 다섯 번째 트랙에 포함된 것으로, '삼사월 아침저녁처럼 쌀쌀한 마음으로 바라보네', '나의 곁에 있던 마음들을 다 떠나보냈다'는 가사로 현재 심정에 대해 이야기 하고 있다. 따라서 참여자들의 심리적 위기와 갈등을 점검하기 위한 문학작품으로 선정했다. 노래 가사는 〈문학작품 4-1〉에 옮겨 담았다.

3) 관련 활동

① 심리적 위기와 갈등 그래프 그리기

이 활동은 제목 그대로 참여자 각자가 경험했던 심리적 위기와 갈등 상황을 점수 그래프로 표현하는 것이다. 이와 같이 직관적으로 표현한 것을 보면서 느낄 수 있도록 하는 과정은, 자신을 이해하고 심리적 위기 및 갈등을 해결하기 위한 방안도 만들어 주기 때문이다. 활동지 양식은 〈관련 활동 4-1〉에 제시했다.

다

- 장기하 작사 · 작곡 · 노래 -

햇살이 따스하게 내리쬐는 파란 하늘에 눈이 시린
오늘 마침내 오월이
오랜만에 우리집 현관문을 탁탁탁탁 두드리네

민들레 씨앗들이 싸락눈발처럼
날리는 창가에 나는
삼사월 아침저녁처럼 쌀쌀한 마음으로 바라보네

햇살이 따스하게 내리쬐는 파란 하늘에 눈이 시린
오늘 마침내 오월이
오랜만에 우리집 현관문을 탁탁탁탁 두드리네

민들레 씨앗들이 싸락눈발처럼
날리는 창가에 나는
삼사월 아침저녁처럼 쌀쌀한 마음으로 바라보네

계절이 바뀌어도 바람이 불어가도
나뭇잎이 떨어져도 사람이 머무르다가 떠나가려 할 때도
아무것도 모르는 채로 그냥 나만 하루 종일 나만
나의 마음만 바라보다 나는
나의 곁에 있던 마음들을 죄다
다 떠나보냈다 생각하며 잠이 드네

『공중부양 / 두루두루 아티스트 컴퍼니 기획 / 카카오엔터테인먼트 발매 / 2022』

심리적 위기와 갈등 그래프 그리기

심리적 위기 및 갈등 상황	점수 그래프										
점수	0	10	20	30	40	50	60	70	80	90	100

세션 Session 5

1) 세부목표 : 삶의 동기 설정하기

다음의 글은 한국교원공제회(The · K)에서 운영하는 상담센터 '마음쉼' 매거진 온라인 페이지[75]에 소개된 글을 인용한 것으로, '사이먼 사이넥'이 쓴 책의 내용을 바탕으로 삶의 동기와 열정을 싹틔우기 위한 방안을 제공해 주고 있다.

삶의 동기와 열정을 꽃피우는 질문, 왜(WHY)

■ 지금, '왜(WHY)'라고 물어라

머릿속에 사랑하는 사람을 떠올려 보세요. 여러분은 왜 그 사람을 사랑하나요? 착해서? 외모가 뛰어나서? 다양한 대답이 나올 수 있겠지만, 대부분이 우리가 그 사람을 사랑하는 본질적인 이유는 아닐 거예요. 이렇게 말로 설명하기 어려운 부분이 『나는 왜 이 일을 하는가?』의 저자 사이먼 사이넥이 말하는 '왜(WHY)'라는 부분입니다. 여러분께 한 가지 질문을 더 드리고 싶습니다. 왜 그 일을 하시나요? 여러분의 마음속에 잠들어 있던 열정을 다시 한 번 깨울 수 있는 이 책의 내용에서 그 답을 찾아보려 합니다. 처음 무언가를 시작할 때 사람들은 여러 가지 기대와 저마다의 부푼 꿈을 갖습니다. 하지만 여기저기 부딪치고 깨지다 보면, 점차 처음의 설렘, 열정을 잃은 채

75) 한국교원공제회 마음쉼 매거진. http://www.thekmagazine.co.kr/data/theK_2010/sub/sub3_05.php

마치 스스로를 일하는 기계처럼 생각하곤 합니다. 뭔가 열심히 하고 싶지만 아무것도 하고 싶지 않을 때, 그리고 무엇부터 해야 할지 도무지 알 수 없을 때 '왜(WHY)'를 찾아보는 것은 우리에게 새로운 원동력이 될 수 있을 거예요.

■ 생각의 순서는 '왜(WHY)'에서 시작된다

저자는 사람들이 '무엇을(WHAT)', '어떻게(HOW)'에 대해 먼저 생각하지만, 여기서 무엇보다도 중요한 것은 생각의 순서라고 이야기합니다. 각자 생각하는 '성공'은 다르겠지만, 성공한 사람들은 어떤 행동을 할 때 '왜(WHY)'에서부터 시작합니다. 스티브 잡스를 떠올려 보세요. 그는 언제나 사람들에게 영감을 주었습니다. 애플이 추구하는 가치인 혁신을 설파했고, 그에 동의하는 많은 사람들이 애플을 사랑하게 되었죠. 그들은 아이폰을 만들기 위해 일하지 않았습니다. 혁신을 꿈꾸었고, 그것을 이루기 위한 수단으로 아이폰을 만들어 낸 것입니다. 그렇다면 우리 마음속에 있는 가치는 무엇인가요? 나를 움직이게 하고, 나를 살아있다고 느끼게 하는 것은 무엇인가요? 지난 삶 속에서 나에게 성취감을 주었던 것, 내 심장을 뛰게 했던 것은 무엇인가요? 무서움을 극복하고 처음 뜀틀을 뛰어 넘었을 때, 쏟아지는 졸음을 참으며 공부하여 성적이 올랐을 때, 내 작은 도움으로 친구가 눈물을 글썽이며 고맙다고 할 때, 우리 모두의 삶 속에는 각자의 성공 스토리가 있습니다. 어떤 마음으로 뜀틀 위를 100번이나 올랐는지, 잠을 참았는지, 친구를 도왔는지, 하나씩 떠올려본다면 우리 모두는 나만의 '왜(WHY)'를 찾는 첫걸음을 내딛을 수 있을 것입니다.

■ 나를 성장시키고 살아가게 하는 원동력, '왜(WHY)'

'왜(WHY)'를 찾았다면 이번에는 그것을 어떻게 이룰 것인지, 무엇을 이용하면 가능한지를 구체화합니다. 실현 가능하고 수치화할 수 있는 계획을 하나씩 달성하다 보면 우리 삶 속에서 더 많은 성공을 경험하게 되고, 이 성공 경험은 곧 '자기효능감(self-efficacy, 어떤 과업을 수행할 수 있다는 개인의 믿음)'으로 증진할 수 있는 하나의 토대가 될 것입니다. 나 자신을 믿는다는 것, 나는 할 수 있다는 자신감을 가진다는 것, 정말 멋지지 않나요? '왜(WHY)'는 행동의 연료와 같습니다. 우리의 마음에 동기와 열정을 갖게 해주고, 더 멀리, 더 높이 나아갈 수 있도록 도와줍니다. 성공의 모습은 각자 다르더라도 '왜(WHY)'는 그 모습에 이르게 해주는 중요한 원동력이 되어줄 것입니다. 우리를 춤추게 하는 근원의 힘, 당신만의 '왜(WHY)'를 찾아가는 소중한 탐험이 필요한 때입니다.

2) 문학작품

음악 : F.A.E. 소나타 중 '스케르초 c단조'(Scherzo c-Moll zur F.A.E. Sonate für Pianoforte und Violiner) / 요하네스 브람스 작곡 / 1853년 10월 28일, 뒤셀도르프 초연

1853년 10월 바이올리니스트 요아힘(Joseph Joachim, 1831~1907)은 슈만이 살고 있던 뒤셀도르프에서 연주회를 갖고, 이후 슈만의 집을 방문하였다. 이를 기다리며 슈만은 자신의 친구이자 문하생인 알베르트 디트리히, 그리고 브람스와 함께 그를 환영하기 위한 작품을 쓰기로 하였다. 요아힘은 슈만에게 브람스를 소개해 준 인물이었으며, 연주 직전 슈만은 요아힘에게 쓴 편지에서 브람스의 음악적 발전에 대하여 언급하기도 하였다. 슈만은 당시 리스트와의 갈등으로 마음이 무거운 상태였으나 음악적으로 발전한 브람스의 위안을 얻고 있었을 때였고, 오랜 음악적 동료인 요아힘의 방문에 큰 기쁨을 얻었을 것이다. 이 곡의 기획은 그 기쁨을 잘 나타낸다. 슈만은 디트리히에게 소나타 형식의 1악장을 맡기고 2악장과 4악장을 본인이 직접 작곡하였으며, 3악장은 브람스에게 맡겼다. 예정대로 10월 28일에 요아힘은 슈만의 집을 방문하였고, 이 곡은 요아힘의 바이올린과 클라라의 피아노로 즉시 초연되었다. 이 소나타의 제목 F.A.E.는 독일어 Frei aber einsam의 약어로, '자유롭게 그러나 고독하게'라는 뜻을 가지고 있다. 이것은 요아힘이 삶의 동기로 가지고 살았던 문구라고 한다.[76]

---

76) Daum 백과. https://100.daum.net/encyclopedia/view/97XXXXXX1118

다섯 번째 세션을 위해 이 음악을 선정한 이유는, 앞서 소개한 바와 같이 요아힘이 삶의 동기로 갖고 살았던 문구로부터 만들어진 것이기 때문이다. 물론 그들이 살았던 때와 현재는 시대적 배경 등 여러 측면에서 다르지만, 자유로움을 추구하면서도 고독할 수밖에 없다는 문구가 국내 성소수자들이 처한 상황을 잘 반영하고 있는 것 같아서 선정을 했다. 곡의 감상은 유튜브에 올라와 있는 여러 연주자들의 실연 영상 중 하나를 고르면 되겠다.

3) 관련 활동

① 안전 계획 수립하기

이 활동은 자살에 대한 생각과 감정이 밀려올 때 위험을 낮추기 위한 대처 전략을 모색하고 자원을 구축해 놓는 것으로, 결국 삶의 동기를 설정하고 계속 유지하며 건강하고 행복하게 살아갈 수 있는 장치를 만드는 것이다.

일례로 강렬한 자극이 지나간 뒤 평온한 상태를 경험함으로써 이완이 될 수 있도록 돕는 'TIPP 기법'이라는 것이 있는데, 상세한 내용은 다음과 같다.

· Temperature : 온도 – 찬물에 얼굴 담그고 숨 참기
· Intense Exercise : 강렬한 운동 – 20분간 격렬한 운동
· Paced Breathing : 걷기 호흡법 – 들숨보다 날숨이 2배 이상 되도록
· Paired muscle relaxation : 짝지은 근육 이완 – 근육을 긴장시킨 뒤 날숨과 함께 이완

따라서 치료사들은 이와 같은 기법을 안내하는 것은 물론이고, 적절한 물음을 통해 참여자들이 갖고 있거나 적용할 수 있는 대처 전략을 모색할 수 있도록 해주는 것이 좋다. 활동지는 〈관련 활동 5-1〉에 담겨 있다.

안전 계획 수립하기

내 삶이 조금 더 안전하고 편한 할 수 있도록,

내가 원하는 것을 하며 행복할 수 있도록 안전 계획을 수립해 보세요.

수립한 계획을 실천해 낸다면 자기효능감과 자아존중감도 향상될 것입니다.

위기 신호 알아차리기	
대처 전략 세우기	
주변 자원 활용하기	
전문 기관 활용하기	

6 세션 Session

1) 세부목표 : 비합리적 신념 찾아 논박하기

합리적 정서적 행동치료(Rational-Emotive Behavior Therapy)를 개발한 인지적 관점의 대표적 학자인 엘리스(Ellis)는, 사람들이 갖고 있는 비합리적 신념 11가지를 다음과 같이 제시했다.

1. 타인에게 인정받고 사랑받아야만 가치 있는 사람이다.
2. 완벽한 능력이 있고, 사교적이며 성공해야 가치 있는 사람이다.
3. 나쁘고 사악한 사람들은 비난받고 처벌받아야만 한다.
4. 일이 뜻대로 진행되지 않는 것은 끔찍한 일이다.
5. 행복/불행은 외부 환경으로 결정되며 인간의 힘으로는 통제할 수 없다.
6. 위험하거나 두려운 일이 일어날 가능성을 지속적으로 유의해야 한다.
7. 인생에 있어 어려움을 직면하는 것보다 회피하는 것이 쉬운 일이다.
8. 사람은 다른 사람에게 의지해야하고 의지할 만한 강한 누군가가 있어야한다.
9. 인간의 현재는 과거의 사건에 의해 결정되며 과거의 영향에서 절대 벗어날 수 없다.
10. 인간은 타인의 문제나 곤란에 대해 항상 신경 쓰고 함께 괴로워해야 한다.
11. 모든 문제에는 항상 완벽한 해결책이 있고 그것을 찾지 못하는 것은 괴로운 일이다.

더불어 이상과 같은 비합리적 신념들은 매우 경직된 사고이며 어떤 강력한 요구가 포함되어 있고, 당위적 요구가 충족되지 못했을 때 현실의 결과를 과장되게 해석하는 것이며, 결국 세상에 대한 부정적 시각을 유발시켜 자기 자신과 타인 혹은 상황에 대한 경멸과 비하 등 파멸적 사고로 이어지는 특징이 있다고 했다. 따라서 비합리적 신념을 합리적 신념으로 바꾸는 것은 우선 자신을 지킬 수 있는 요소라고 할 수 있다. 이에 여섯 번째 세션의 세부목표를 '비합리적 신념 찾아 논박하기'로 정했다.

2) 문학작품
도서 : 허튼 생각 / 브리터 테켄트럽 글 · 그림, 김서정 옮김 / 길벗어린이 / 2020

간혹 다른 사람들보다 생각이 많고, 그것들이 결국 부정적으로 귀결되어 괴로움을 호소하는 이들이 있다. 그들은 생각이 비합리적 신념으로 이어지기 때문인데, 그렇다고 해서 생각을 멈출 수는 없고 통찰도 결국 뇌의 작용이기 때문에 필요한 측면도 있다.

이 그림책에도 '왜 사람들은 남과 똑같아지려고 하지?', '왜 사람들은 모두 사랑 받고 싶어 할까?', '새들에게는 세상이 어떻게 보일까?', '나는 왜 늘 벽에 부딪히지?' 등 우리 머릿속을 스쳐가는 수많은 생각과 질문들이 가득하다. 물론 정해진 답이 없기 때문에 머리만 아픈 채 끝날 수 있지만, 이 또한 우리 인생의 과정이다.

여섯 번째 세션을 위해 이 책을 선정한 이유도 결국 참여자들이 겪은 인생의 한 페이지를 열어보기 위해서이다.

3) 관련 활동

① ABCDE 모형에 정리한 생각

ABCDE 모형에서 A는 문제 장면 또는 선행사건(Activation Event), B는 그 장면에 대한 관점 또는 신념(Belief), C는 선행사건 A 때문에 생겨났다고 보고하는 정서적 행동 결과(Consequences), D는 비합리적 신념에 대한 논박(Dispute), E는 비합리적 신념을 논박한 효과(Effect)를 의미한다. 따라서 'ABCDE 모형에 정리한 생각'은 이 순서에 따라 자신의 비합리적 신념을 찾아 논박함으로써 합리적으로 바꾸어 보는 것이다. 활동지는 〈관련 활동 6-1〉에 담겨 있다.

ABCDE 모형에 정리한 생각

ABCDE 모형에서 A는 문제 장면 또는 선행사건(Activation Event), B는 그 장면에 대한 관점 또는 신념(Belief), C는 선행사건 A 때문에 생겨났다고 보고하는 정서적 행동 결과(Consequences), D는 비합리적 신념에 대한 논박(Dispute), E는 비합리적 신념을 논박한 효과(Effect)를 의미합니다. 아래 칸에 해당 내용들을 차례대로 정리해 보세요.

선행사건 (Activation Event)	
그로 인해 갖게 된 신념 (Belief)	
정서적 행동 결과 (Consequences)	
비합리적 신념에 대한 논박 (Dispute)	
비합리적 신념을 논박한 효과 (Effect)	

1) 세부목표 : 인지 전략 개발(합리적 신념 강화)

다음의 글은 세종충남대학교병원 정신건강의학과의 조철현 교수가 '관점의 차이, 신념의 깊이'라는 제목으로 대전일보 2022년 2월 24일자[77]에 실은 글 내용 중 일부를 인용한 것으로, 사람의 신념이 어떤 것인지, 그것이 깊어지면 어떤 문제가 생길 수 있는지 알려주고 있다.

우리는 저마다의 관점을 가지고 살아간다. 관점은 사실과 현상을 어떻게 바라보고 해석할 것인지에 대해 영향을 주곤 한다. 관점은 기억을 왜곡시키기도 하고, 봐야 할 것을 놓치게 만들기도 하며 비본질적인 것에 집착하게 만들기도 한다. 그래서 서로의 생각을 이해하고 소통하기 위해서는 저마다의 관점의 존재와 차이를 인정하는 것이 기본이 된다. 비슷한 관점을 가지는 사람을 만나면 기분이 좋고 동질감을 느끼기도 하지만 관점이 다른 사람을 만나면 대화가 잘 되지 않고 갈등을 빚기도 한다.

관점은 각자의 가치관이 반영돼 자리 잡힌다. 관점과 가치관은 무에서 유로 창조된 것이 아닌 사회적, 문화적, 경제적, 종교적 영향 등에 의해 생성되고 공고해진다. 따라서 관점의 차이는 상대방의 배경과 환경을 이해할 수 있는 중요한 단서일 수 있다. 가치관은 신념의 영역이다. 신념은 '굳게 믿는 마음'이라는 말뜻처럼 개인의 마음 깊

---

77) 조철현. [대일논단] 관점의 차이, 신념의 깊이. 대전일보 2022년 2월 24일자 기사. http://www.daejonilbo.com/news/newsitem.asp?pk_no=1507744

은 곳에 자리 잡은 믿음의 영역이다.

관점의 차이는 신념의 차이를 수반하는 경우가 많다. 신념의 깊이가 깊을수록 관점의 차이는 더 탄탄하게 고착화될 가능성이 높다. 저마다 고유의 관점의 차이가 있을 수 있는데 신념의 깊이 때문인지 관점의 다양성을 인정하지 못하고 서로 다른 관점에 대해 쉽게 흥분하고 비난하는 경우가 있다. 신념의 깊이가 깊은 것이 잘못은 아니지만 그럴수록 배타성과 편협함이 심해진다면 한 번쯤 되돌아봐야 하지 않을까?

2) 문학작품
시 : 고요한 세상 – 시집 '마음챙김의 시' 中 / 제프리 맥다니엘 시, 류시화 엮음 /
    수오서재 / 2020

때로는 열 마디 말보다 침묵이 더 나을 수 있다. 만약 침묵으로 인해, 혹은 적은 말들로 인해 세상이 그만큼 고요해진다면, 그도 아니라면 '사랑해'나 '고마워'와 같은 말들만 사용할 수 있도록 정해져 있다면, 마음의 평안을 느끼는 사람이 더 많아질 수도 있겠다. 이 시는 참여자들이 인지 전략 개발(합리적 신념 강화)을 위해 필요한 측면을 적정 단어로 표현할 수 있도록 돕기 위한 촉매제가 되어줄 것이다. 시의 전문은 〈문학작품 7-1〉에 제시했다.

3) 관련 활동

① 합리적 대처 낱말 찾기
이 활동은 참여자들이 갖고 있는 비합리적 신념을 합리적으로 대처한다면 그에 적절한 낱말은 무엇인지 찾아보게 하는 것으로, 여러 단어를 살펴보고 그 가운데 알맞은 것을 찾는 과정, 서로 고른 단어에 관한 의미를 나누는 과정들은, 참여자들의 합리적 대처 능력을 키우는데 도움을 줄 것이다.

　따라서 치료사는 활동을 위해 낱말 카드를 준비해야 하는데, 책상에 펼쳐 놓고 함께 보면서 찾아야 하기 때문에 명함 크기(50mmX90mm) 정도가 적절할 것이다. 그리고 카드에 쓸 단어들은 '선택', '최선', '노력', '도전', '공부', '상담', '요청', '포기', '휴식' 등 참여자들의 상황에 알맞게 구성하면 된다.

고요한 세상

- 제프리 맥다니엘 -

사람들로 하여금 서로의 눈을
더 많이 들여다보게 하고
또 침묵을 달래 주기 위해
정부는 한 사람당 하루에
정확히 백예순일곱 단어만 말하도록
법을 정했다.

전화가 울리면 나는 '여보세요' 라는 말 없이
가만히 수화기를 귀에 댄다.
음식점에서는
치킨 누들 수프를 손가락으로 가리킨다.
나는 새로운 방식에 잘 적응하고 있다.

밤 늦게 나는
멀리 있는 연인에게 전화를 걸어
자랑스럽게 말한다.
오늘 쉰아홉 개의 단어만 썼으며
나머지는 당신을 위해 남겨 두었다고

그녀가 아무 대답도 하지 않으면
나는 그녀가 자신의 단어를 다 써 버렸음을 안다.
그러면 나는 '사랑해' 하고 천천히 속삭인다.
서른두 번 하고 3분의 1만큼.
그 후에 우리는 그냥 전화기를 들고 앉아
서로의 숨소리에 귀 기울인다.

『마음 챙김의 시 / 류시화 엮음 / 수오서재 / 2020』

8 세션 Session

1) 세부목표 : 긍정 경험 찾기

오래 전 결과이기는 하지만 갤럽[78]에서 2014년도에 전 세계 143개국의 15세 이상 주민 1,000명을 대상으로 전화 및 대면을 통해 조사한 긍정 경험 지수(positive experience index)에서, 파라과이가 89점으로 1위, 콜롬비아가 84점으로 2위를 차지하는 등 중남미 국가들이 10위까지의 순위를 모두 점령한 반면, 우리나라는 59점으로 세계 143개국 가운데 118위였다고 한다. 아마 이와 같은 결과가 나타난 데에는 각 나라의 당시 상황, 국민성 등 여러 가지 요인이 작용했을 거라 생각되는데, 우리나라의 점수나 순위가 충격적이지 않은 이유는 2011년도에 63점, 2012년도에는 64점, 2013년도에도 63점으로 높지 않았기 때문이다. 그럼에도 우리나라 사람들이 조금 더 긍정 경험을 많이 하고 살기 때문에 행복감 또한 높았으면 좋겠는데, 워낙 빠르게 변하는 세상 속에서 무한경쟁을 펼치다 보니 그럴만한 여유가 부족한 것이 아닐까 싶다.

다음은 갤럽에서 인터뷰 당시 활용했던 척도로, 이 질문에 몇 개나 "예!"라고 답할 수 있는가를 통해 긍정 경험 지수를 산정할 수 있다고 하니, 치료사와 참여자들 모두 가볍게 체크해 보는 것도 좋겠다.

---

78) Gallup. 2015. Mood of the World Upbeat on International Happiness Day. https://news.gallup.com/poll/182009/mood-world-upbeat-international-happiness-day.aspx

- 어제 편히 쉬었는가?

- 어제 하루 존중을 받았는가?

- 어제 많이 미소 짓고 많이 웃었는가?

- 어제 재미난 일을 하거나 배웠는가?

- 어제 즐거운 일이 많았는가?

2) 문학작품

도서 : 사랑 사랑 사랑 / 맥 바넷 글, 카슨 엘리스 그림, 김지은 옮김 / 웅진주니어 / 2021

과연 사랑이란 무엇일까? 할머니의 말씀에 따라 그 답을 찾아 나선 아이는 길에서 만난 사람들에게 같은 질문을 한다. 그러자 어부의 사랑은 물고기, 배우의 사랑은 박수갈채, 목수의 사랑은 집, 고양이의 사랑은 밤과 같이 저마다의 사랑에 대해 말한다. 사랑은 한 가지 모습으로 정의될 수 없으며, 타인에 의해 이해나 인정을 받기도 어려운 속성의 것이다. 따라서 본인만의 사랑에 대한 답을 찾으면 그것이 정답이다.

여덟 번째 세션을 위해 이 그림책을 선정한 이유는 참여자들이 경험했던 성공과 사랑, 지지받았던 긍정적 기억을 떠올릴 수 있도록 돕기 위해서이다. 부디 참여자들에게 그런 경험이 많아서 앞으로도 충분히 살아낼 수 있는 자원이 되어 주기를 바란다.

3) 관련 활동

① 성공, 사랑, 지지받았던 경험 찾기

이 활동은 참여자들이 삶에서 긍정 경험이라고 인식하고 있을 경험들을 찾을 수 있게 도와주기 위한 것으로, 성공을 했거나 사랑 혹은 지지받았던 경험들을 떠오르는 대로 적고, 집단 내에서 발표를 해보도록 하는 것이다. 떠오르는 것들을 가능한 많이 적을 수 있도록 하되, 발표 때에는 그 가운데 이야기 하고 싶은 것 한두 가지 만을 고르게 해서 여러 참여자들에게 기회가 돌아갈 수 있도록 하면 좋겠다. 활동지는 〈관련 활동 8-1〉에 담겨 있다.

성공, 사랑, 지지받았던 경험 찾기

그동안 살아오면서 성공했다, 사랑받았다, 지지받았다라고 느낀 순간이 있을 겁니다.

그 내용들을 떠오르는 만큼 아래 칸에 나누어 정리해 보세요.

성공 경험	
사랑받은 경험	
지지받은 경험	

1) 세부목표 : 부적응적 정서 확인

어떤 행동이 적응적이라는 것은 그 행동이 그 사람으로 하여금 특정한 목적을 성취하는 것을 얼마나 가능하도록 해 주는가에 관련된 것으로, 부적응 이상행동을 정의하는 근본적인 요소이다. 구체적으로 적응적 행동은 다음 세 가지 측면 – ① 그 행동이 그 사람의 생존을 증진시키는가?, ② 그 행동이 사람의 만족과 행복을 증진시키는가?, ③ 그 행동이 사회의 안녕을 증진시키는가? – 을 충족시키는 것이라고 할 수 있다.[79]

따라서 부적응적 정서는 특정한 목적을 성취하는 것을 어렵게 만드는 정서라고 정의할 수 있으며, 그런 정서가 오랜 시간 지배를 하게 되면 우울과 함께 자살 의도가 발생할 수도 있다. 이에 아홉 번째 세션의 목표를 참여자들이 갖고 있을 부적응적 정서를 확인하는데 두었다.

2) 문학작품
시 : 흉터 – 시집 '어른으로 산다는 것' 中 / 김혜남 시 / 걷는나무 / 2011

이 책의 저자인 김혜남 의사는 다섯 남매 중 셋째 딸로 태어나 부모님의 사랑을 독

---

79) 서강훈. 2013. 『사회복지 용어사전』. 파주: 이담북스.

차지 하는 둘째 언니를 보며 자랐다고 한다. 그래서 둘째 언니에 대한 선망과 질투 속에서 가끔 아무도 모르게 그녀의 불행을 상상해 보곤 했는데, 고3 때 언니가 갑작스럽게 죽으면서 큰 충격을 받았다고 한다. 그 영향으로 고려대학교 의대에 진학해 정신분석을 전공하게 되었으며, 어린 시절의 자신처럼 사랑에 목마른, 그러나 사랑이 두려운 영혼들에게 꼭 해 주고 싶은 말이 있어 이 책을 쓰게 되었다고 한다. 저자는 이 책을 읽은 사람들이 누군가를 진정으로 사랑할 수 있게 되기를 바란다고 했다. 그러려면 시시때때로 겪는 부적응적 정서부터 합리적으로 바꿀 수 있어야 할 텐데, 이 세션을 위해 선정한 시 '흉터'가 그 작업을 도와줄 것이다. 시의 전문은 〈문학작품 9-1〉에 담겨 있다.

3) 관련 활동

① 최근 겪은 부적응적 정서 확인 후 합리적 수준으로 바꾸기

이 활동은 앞선 6세션에 실시했던 비합리적 신념을 논박하여 합리적 신념으로 바꾸었던 것과 비슷하다. 다만 정서를 중시에 두고 그것도 합리적 수준으로 바꾸어 본다는 차이가 있다. 그러므로 6세션의 활동지를 변용해서 사용하면 되겠다.

흉터

- 김혜남 -

모든 상처에는 흉터가 남는다.

그 흉터는 우리가 어떻게 받아들이느냐에 따라 삶의 훈장이 될 수도 있고,

숨기고 싶은 창피한 흔적이 될 수도 있다.

내 딸아이는 어릴 때 심장수술을 받았다.

딸아이는 그 흉터 때문에 고민이 많았는데,

어느 날 나는 우울해하는 아이를 꼭 안으며 말해 주었다.

"그 흉터는 바로 네가 큰 병을 이겨냈다는 징표란다.

어린 나이에 그 큰 수술을 견뎌내는 건 아무나 할 수 없는 일이었어.

그래서 난 네 흉터가 오히려 자랑스럽단다."

『어른으로 산다는 것 / 김혜남 / 걷는나무 / 2021』

세션 Session

1) 세부목표 : 정서 이완

일반적으로 어떤 사람이 스트레스 상황에 놓이면 얕은 숨을 쉬거나, 과호흡을 하거나, 일시적으로 숨을 쉬지 않는 모습을 보인다. 이와 같은 호흡 패턴의 부조화는 불안을 더 키우거나 공황 상태로 빠지게 만들기 때문에, 호흡을 올바르게 하면서 정상적 호흡 패턴을 되찾고 뇌에 산소가 적절히 공급되게 만들어, 자율 신경계가 조화를 찾아 전체적으로 안정될 수 있도록 해야 한다.

열 번째 세션의 세부목표는 '정서 이완'으로, 많이 경직되어 있어 이완이 필요한 참여자들을 위한 직접적인 시간이라고 할 수 있다.

2) 문학작품
글 : 내가 배운 것들 – 도서 '미드나잇 라이브러리' 中 / 매트 헤이그 지음, 노진선 옮김 /
인플루엔셜 / 2021

10세션을 위해 선정한 글은 도서 '미드나잇 라이브러리'에 포함된 한 부분으로, 자신의 삶을 돌아보면 고통과 절망, 슬픔과 마음의 상처, 고난과 외로움, 우울함이 가득하지만, 후회를 한다고 해서 달라지지 않으며 그럼에도 살고 싶다는 주인공의 의지가 담겨 있다. 따라서 후회와 죄책감을 구분하고 이완 기법을 통해 정서를 이완시키려는 세부목표 달성을 위해 선정했다. 글의 전문은 〈문학작품 10-1〉에 제시했으며, 참여자들에게 여건이 허락된다면 책을 완독하도록 독려하면 좋겠다.

3) 관련 활동

① 후회와 죄책감 구분하기

후회(後悔)는 이전에 자신이 내린 결정이 잘못된 것이라고 느끼는 감정으로, 보통 자신이 내린 결정의 중요도가 높으면 높을수록 더 커지며, 반대로 낮을수록 작아진다. 만약 사람이 자신의 잘못에 후회를 느끼고 다음부터 그런 잘못을 저지르지 않도록 한다면, 이것을 뉘우쳤다고 한다. 반면 죄책감(罪責感, guilt)은 생물이 스스로가 저지른 잘못에 대하여 책임을 느끼는 감정을 의미하며, 자신의 행동이 잘못되었거나 비도덕적인 것으로 지각되었을 때 유발된다. 따라서 후회와 죄책감은 의미가 비슷하지만, 후회가 꼭 도덕적 또는 법적 의무를 위반했을 때에만 느끼는 감정은 아니기 때문에 조금 다르다고 할 수 있다.

이 활동은 자신의 결정이나 행동에 대한 후회와 죄책감을 동시에 갖고 있는 참여자들이, 그것을 분리하여 날려버림으로써 이완이 잘 될 수 있도록 돕는데 목적이 있다.

② 이완 기법

다음은 도서 『트라우마 상담 및 심리치료의 원칙』[80]에서 인용한 호흡의 방법이다.

첫째, 편안한 자세로 앉습니다. 허리를 펴서 척추가 바르게 되도록 한 후에 어깨에

---

80) John N Briere, Catherine Scott 저. 이동훈 역. 2020. 『트라우마 상담 및 심리치료의 원칙』. 서울: 시그마프레스.

힘을 빼고 손은 무릎에 올려놓고 의자에 앉았다면 발바닥을 바닥에 맞닿게 해서 안정감을 느끼도록 합니다.

둘째, 눈을 감는 것이 편하면 눈을 감아도 좋습니다. 대신 눈을 감는 것이 불안하거나 플래시백 같은 증상(눈앞에 무언가 안 좋은 이미지가 보인다거나)이 있을 경우 눈을 뜨고 합니다.

셋째, 준비가 되었으면 천천히 숨을 내쉬고 들이쉽니다. 이때에 의식은 내쉬고 들이쉬는 호흡에만 집중합니다. 머릿속에 다른 잡다한 생각이 떠오를 것입니다. 그럼 그런 생각이 떠올랐다는 사실을 지각하는 즉시 다시 호흡의 감각으로 되돌아옵니다.

넷째, 마음속이 산만하거나 불안이 올라온다면 마음속으로 평온함의 에너지를 들이마시고, 긴장을 내뱉는다고 상상해도 좋습니다. 관련된 이미지를 상상하거나 마음속으로 들이쉴 때 '평온', 내쉴 때 '긴장' 같은 단어를 생각하며 호흡해도 좋습니다.

다섯째, 내쉬고 들이쉬는 호흡을 한 세트로 하여 3회 반복합니다. 이때 주의할 점은 내쉬는 숨과 들이쉬는 숨이 얼마나 지속되는가에 두고 호흡을 합니다.

여섯째, 한 손은 배꼽 주위에, 다른 한 손은 가슴 부위에 올려놓습니다. 그리고 천천히 호흡하면서 배꼽 주위가 가슴 부위보다 약간 더 부풀어 오르도록 하여 숨이 배까지 깊이 내려가도록 합니다. 숨이 폐를 가득 채울 때까지 호흡하고 끝까지 모두 내쉽니다. 이런 식으로 호흡이 깊어지도록 합니다. 단, 이때 주의할 것은 너무 무리하게 깊이/세게 들이마시지 말고, 평소 자신의 호흡보다 약 10-20%만 더 들이마신다고 상상합니다. 처음부터 너무 긴 호흡을 무리하게 하면 어지럽거나 불안이 더 심해질 수 있으니 주의할 필요가 있습니다. 이 방법으로 3회 반복합니다.

일곱째, 심호흡이 자연스럽게 되면 호흡을 천천히 하는 것을 연습합니다. 즉 들이쉬면서 '하나', '둘', '셋'을 천천히 세고, 내쉴 때도 셋까지 셉니다. 그 다음에는 들이쉴 때 셋까지 들이쉬고 내쉴 때 넷까지 세면서 천천히 내쉽니다. 내쉬기를 들이쉬기보다 약간 더 길게 하는 것이 포인트입니다. 이런 식으로 호흡을 연습해 보고 평소보다 천천히 호흡할 수 있게 합니다. 3회 정도 반복해 봅니다.

여덟째, 호흡을 하면서 숫자 세기에만 마음을 집중합니다. 다른 잡생각이나 불안, 긴장과 같은 부정적 감정이 올라오면 즉시 알아차리고, 다시 숫자 세기로 돌아옵니다. 이런 식으로 몇 번 반복합니다.

아홉째, 이와 같이 수를 세는 호흡을 5분 정도 혼자 연습합니다.

이상 첫 번째부터 아홉 번째까지의 과정을 하루 5-10분 정도 매일 반복해서 연습합니다. 시간이 얼마나 지났는지 확인이 어렵다면 호흡 시간 전에 타이머를 맞추어두고 하면 좋습니다.

이상의 첫 번째부터 아홉 번째까지의 과정을 하루 5-10분 정도 매일 반복해서 연습합니다. 시간이 얼마나 지났는지 확인이 어렵다는 호흡 시작 전에 타이머를 맞추어두고 하면 좋습니다.

내가 배운 것들

(한때 온갖 삶을 살았으나 지금은 보잘 것 없는 삶을 사는 사람이 쓰는 글)

　자신이 살지 못하는 삶을 아쉬워하기란 쉽다. 다른 적성을 키웠더라면, 다른 제안을 승낙했더라면 하고 바라기는 쉽다. 더 열심히 일할 걸, 더 많이 사랑할 걸, 재테크를 더 철저히 할 걸, 더 인기가 있었더라면 좋았을 걸, 밴드 활동을 계속할 걸, 오스트레일리아로 갈 걸, 커피 마시자는 제안을 받아들일 걸, 망할 요가를 더 많이 할 걸.

　사귀지 않은 친구들, 하지 않은 일, 결혼하지 않은 배우자, 낳지 않은 자녀를 그리워하는 데는 아무 노력도 필요 없다. 다른 사람의 눈을 통해 날 보고, 그들이 원하는 온갖 다른 모습이 내게 있었으면 좋겠다고 바라는 건 어렵지 않다. 후회하고 계속 후회하고 시간이 바닥날 때까지 한도 끝도 없이 후회하기는 쉽다.

　하지만 진짜 문제는 살지 못해서 아쉬워하는 삶이 아니다. 후회 그 자체다. 바로 이 후회가 우리를 쪼글쪼글 시들게 하고, 우리 자신과 다른 사람을 원수처럼 느껴지게 한다.

　또 다른 삶을 사는 우리가 지금의 나보다 더 나을지 나쁠지는 알 수 없다. 우리가 살지 못한 삶들이 진행되고 있는 건 사실이지만, 우리의 삶도 진행되고 있으며 우리는 거기에 초점을 맞춰야 한다.

　물론 모든 곳을 다 방문할 수 없고, 모든 사람을 다 만날 수 없으며, 모든 일을 다 할 수는 없다. 하지만 어떤 삶에서든 우리가 느끼는 감정은 대부분 여전히 느낄 수 있다. 모든 경기에서 다 이기지 않아도 승리가 어떤 기분인지 알 수 있다. 세상의 모든 음악을 다 듣지 않아도 음악을 이해할 수 있다. 세상 모든 포도밭에서 수확한 온갖 품종의 포도를 다 먹어보지 않아도 와인이 주는 즐거움을 알 수 있다. 사랑과 웃음과 두려움과 고통은 모든 우주에서 보편적으로 통용된다.

우리는 그저 눈을 감은 채 앞에 있는 와인을 음미하고, 연주되는 음악을 듣기만 하면 된다. 우리는 다른 삶에서처럼 온전히 그리고 완전히 살아 있으며, 동일한 범주의 감정에 접근할 수 있다.

우리는 한 사람이기만 하면 된다.

한 존재만 느끼면 된다.

모든 것이 되기 위해 모든 일을 할 필요는 없다. 왜냐하면 우리는 이미 무한하기 때문이다. 살아 있는 동안 우리는 늘 다양한 가능성의 미래를 품고 있다.

그러니 우리가 존재하는 세상 속에 있는 사람들에게 친절하자. 가끔 서 있는 곳에서 하늘을 올려다보자. 어느 세상에 서 있든지 간에 머리 위 하늘은 끝없이 펼쳐져 있을 테니까.

어제 나는 내게 미래가 없다고 확신했다. 도저히 내 인생을 있는 그대로 받아들일 수 없었다. 하지만 오늘은 어제와 똑같이 엉망진창인 삶이 희망으로, 잠재력으로 가득 차 보인다.

살아보지 않고서는 불가능을 논할 수 없으리라.

삶에서 고통과 절망과 슬픔과 마음의 상처와 고난과 외로움과 우울함이 사라지는 기적이 일어날까? 아니다.

그래도 난 살고 싶을까?

그렇다. 그렇다.

천 번이라도 그렇다고 대답할 수 있다.

『미드나잇 라이브러리 / 매트 헤이그 지음, 노진선 옮김 / 인플루엔셜 / 2021 / 391-393p.』

11 세션 Session

1) 세부목표 : 행동 전략 개발

행동하라. 삶은 행동이다. 행동이 사람을 만들고 역사를 만들며 인생을 만든다. 그 행동에서 나온 결과는 경험이 되고, 그 경험에서 받은 에너지들이 쌓여 당신의 자신감을 만들어 줄 것이다. 행동은 인생이다. 인생은 행동에서 나온다. 당신이 주저하고 머뭇거리고 있다면 작은 움직임으로 습관을 만들고, 그 작은 움직임에 의해 변화를 만들어 봐라. 그럼 분명히 인생이 달라질 것이다. 행동은 시작이고, 습관은 전략이다.[81]

2) 문학작품
도서 : 자유로 가는 길 / 권희주 글 · 그림 / 그린북 / 2021

저자는 누군가의 아내, 누군가의 엄마로서의 역할을 잠시 내려놓고, 자신의 꿈을 이루기 위해 '자유로'를 3년 남짓 오갔다고 한다. 이 책은 그 과정에서 탄생한 것으로, '자유로'는 단순히 길의 이름만이 아니라 오랜 시간 타인을 위해 구속되어 있던 삶에서 내 자신의 자유를 찾아 떠나는 길처럼 느껴진다.

---

81) WOODYK. 2021. 뼈 때리는 직장생활로 성공하는 법 05화 : 행동은 시작이고, 습관은 전략이다. https://brunch.co.kr/@woodyk/170

열한 번째 세션을 위해 이 그림책을 선정한 이유는, 이 프로그램에 참여한 분들도 자신만의 자유를 찾을 수 있는 행동 전략을 개발하는데 자극이 될 것 같았기 때문이다. 결국 내가 원하는 것을 찾아 떠나야 할 사람은 본인이라는 점을 알고 적정 방향을 찾을 수 있도록 돕는 것이, 이 문학작품과 치료사의 역할이리라.

3) 관련 활동

① 사회와의 연결 방안 구축

우리는 결국 사회 속에서 살아가야 한다. 따라서 필요 시 적절하게 연결할 수 있는 체계를 갖고 있어야 한다. 왜냐하면 이것들이 내 행동 전략에 따른 결과를 더 좋게 만들 수 있기 때문이다.

이 활동은 마인드맵처럼 구성해서 진행해도 되는데, 중요한 것은 누군가와의 연결점이 어떤 행동 전략에 따라 더 나아질 수 있는가에 대해서도 생각해 볼 수 있도록 하는 것이다.

12 세션 Session

1) 세부목표 : 긍정적 정체성 찾기

마틴 셀리그만(Martin Seligman)은 학습된 무기력 등 부정적 정서를 연구하던 미국의 심리학자였다. 그런데 미국심리학회(American Psychological Association)의 회장으로 선출된 이후 낙관성에 대한 연구를 장려했으며, 긍정심리학이라는 분야를 개척했다. 그는 그의 저서 『Flourish』[82]에서 주관적 안녕감에 관여하는 5가지 요소로서 'PERMA'를 제시하였다. PERMA는 긍정적 정서(Positive Emotion), 몰입(Engagement), 관계(Relationships), 삶의 의미(Meaning), 성취(Accomplishment)의 영어 알파벳 첫 글자를 딴 것으로, 이를 훈련하게 되면 주관적 안녕감을 증진시킬 수 있다는 의미이다.

정체성(正體性, identity)이란 사물 본디의 형체가 갖고 있는 성격을 말한다. 'identity'란 단어가 '확인하다(identify)'란 말에서 유래했다는 사실은 정체성이 자기가 아닌 남에 의한 확인과 증명을 통해 형성되는 것임을 말해 준다. 그러나 의미가 그렇다고는 해도 타인들은 모르는, 설령 안다고 해도 수용해 주지 못하는 측면들이 있다. 따라서 긍정적 정체성은 사회나 타인의 인정보다는 자기 스스로 확립해 나갈 필요가 있다.

성인 성소수자들을 위한 자살 예방 독서치료 프로그램의 마지막 세션은 그들이 긍정적 정체성을 찾도록 도와주는데 목표가 있다. 부디 그들이 사회 제도나 관습, 타인들의 시선에도 굴하지 않고 당당하게 살아나갈 수 있는 긍정적 정체성을 확립하기 바란다.

---

82) Seligman, Martin. E. P. 2012. Flourish: A Visionary New Understanding of Happiness and Well-being. New York: Free Press.

2) 문학작품

시 : 나로부터 나를 – 시집 '누드를 그리다' 中 / 이시훈 시 / 다층 / 2002

마지막 열두 번째 세션을 위해 이 시를 선정한 이유는, 참여자들이 다시 한 번 자신을 돌아보면서 긍정적 정체성을 찾고 그것을 내면화할 수 있다면 좋겠다는 생각이 들었기 때문이다. 결국 천국과 지옥을 만드는 것도 내 마음이라고 하니, 나를 위한 천국을 스스로 만들며 생활하시기를 바라는 마음이다. 시의 전문은 〈문학작품 12-1〉에 제시했다.

3) 관련 활동

① 나를 사랑합니다 문장 완성하기

이 활동은 '문장완성검사(Sentence Completion Test)'를 응용한 것으로, 참여자 자신이 사랑하는 스스로의 모습을 '~한 나를 사랑합니다.'와 같이 완성하면 되는 것이다. 활동지는 〈관련 활동 12-1〉에 담겨 있다.

② 참여 소감 나누기

이 프로그램은 성인 성소수자들에게 실제로 적용했던 것이 아니다. 따라서 실제 그들에게 적용을 했을 때 어떤 상황들이 발생하고, 결국 얼마나 많은 분들에게 어떤 측면에서 어느 정도나 도움을 주게 될지 무척 궁금하다. 이런 측면에 대한 검증은 참여자들의 소감에서도 이루어질 수 있는데, 분명 이 프로그램이 자신에게 도움 되었다면 그에 대한 이야기를 해주실 것이다. 그러므로 참여자들의 소감도 성실하게 들어보도록 하자.

나로부터 나를

- 이시훈 -

　난시가 심해지면서 사물을 바라볼 때마다 양미간을 찌푸리는 습관이 생겼다. 인상을 잔뜩 써야 일그러진 형상이 뚜렷하게 보여지곤 한다. 요컨대, 바른 표정과 웃는 눈빛으로는 사물이 바로 보이지 않는, 비틀린 시각을 갖게 되었다. 뒤틀린 어법과 삐딱한 시선으로 바라보는 세상은 늘 안개 속의 가시밭길이었다.

　어느 날 거울을 보며 처음 보는 것처럼 신기한 사실을 발견했다. 나의 눈과 귀와 코와 입이 모두 바깥을 향해 달려있다는 거다! 나는 한 번도 내 안을 들여다 본 적이 없다. 그 캄캄한 어둠의 깊이를. 나는 내 안에서 울려나오는 소리를 듣지 못한다. 온갖 추악한 언어의 난동을. 내 안에 고여 있는 물의 지독한 냄새를 맡지 못한다는 건 천만다행이건만. 나는 내 안을 향해
　말하지 못한다. 오, 가엾다고.

　부디 나로부터 나를 구원하소서.

『누드를 그리다 / 이시훈 지음 / 다층 / 2002』

나를 사랑합니다 문장 완성하기

비어 있는 곳에 적절한 단어들을 배치해 문장을 완성해 주세요.
정답은 없으며 문장 구조가 틀려도 상관없습니다.
또한 떠오르는 만큼만 적어도 됩니다.

1)   나를 사랑합니다.

2)   나를 사랑합니다.

3)   나를 사랑합니다.

4)   나를 사랑합니다.

5)   나를 사랑합니다.

6)   나를 사랑합니다.

7)   나를 사랑합니다.

8)   나를 사랑합니다.

9)   나를 사랑합니다.

10)   나를 사랑합니다.

네 번째 자살

노인 생명 존중을 위한 자연 친화
독서치료 프로그램

노인 생명 존중을 위한 자연 친화 독서치료 프로그램

❯ 1. 프로그램 목표 ❮

보건복지부와 한국생명존중희망재단에서 발간한 『2021 자살예방백서』 내용(2019년 통계 기준)에 따르면, 우리나라에서의 자살률은 연령대가 높을수록 증가하여 80대 이상 (10만 명 당 67.4명)이 가장 높게 나타났다. 2019년 노인 자살자 수는 3,600명으로 전년 대비 7명(0.2%)이 증가했고, 자살률은 46.6명으로 전년 대비 2.0명(4.1%) 감소했다.

[단위 : 인구 10만 명 당]

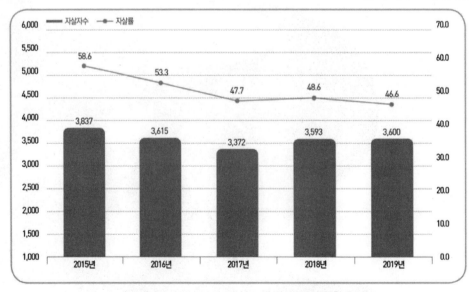

〈그림〉 2015-2019년 노인(65세 이상) 자살 현황 추이

이 결과를 성별로 살펴보면 2019년 노인 남성의 자살률은 인구 10만 명 당 76.7명이었고, 여성은 24.0명이었다. 따라서 남녀 간 자살률은 남성이 여성보다 3.2배 높았고, 전체 자살 사망자 중 남성이 차지하는 비율은 70.6%, 여성은 29.4%였다.

〈표〉 2019년 성별 노인(65세 이상) 자살 현황

성별	자살자 수	백분율	자살률
남성	2,542	70.6	76.7
여성	1,058	29.4	24.0
전체	3,600	100.0	46.6

[단위 : 인구 10만 명 당]

OECD 회원국의 연령별 자살률에서도 60대 이상은 30-40대와 더불어 가장 높았다. 특히 우리나라는 인구 10만 명 당 46.6명이 자살을 해 OECD 평균인 17.2명보다 2.7배나 높았다. 물론 2018-2019년 연령대별 자살률 증감률에서는 60대가 2.5% 증가한 대신 70대는 5.6%, 80대는 3.4%가 감소했지만, 여전히 가장 높은 자살률을 유지하고 있다.

노인들은 65년 이상의 삶을 살았다. 또한 2022년 기준 65세 이상의 노인들은 한국전쟁을 겪었거나, 겪지 않았더라도 어려웠던 시기에 어린 시절을 보내온 분들이다. 때문에 상대적으로 경제적인 풍요와 편리함을 누릴 수 있는 상황에 자살로 인한 죽음을 선택하는 이들이 많아 안타까운 심정이다. 이에 본 프로그램에서는 노인들이 자신의 생명을 존중하여 자살을 하지 않고 살아낼 수 있는 힘을 길러주는데 목표가 있다.

생명은 물질이 아니며 물질을 떠나 있는 것도 아니다. 생명은 개념 정의가 어려운 신비스러운 것이다. 사람들은 생명은 성스럽다고 말한다. 우리는 생명을 지키고 존중할 사명을 가지고 있다. 왜 생명을 존중해야 하는가라고 묻는다면, 생명이 가치가 있는 것은 자명한 것이라고 답할 수밖에 없다.[83]

생명 존중은 자신은 물론이고 타인, 그리고 동·식물을 포괄하여 모든 생명체를 소중하게 여기는 것이다. 생명 존중 사상을 갖는다는 것은 자신을 학대하거나 자살에 이르도록 하는 일, 타인에게 폭력을 가하고 상처를 주는 일을 할 수 없다는 의미이다. 그러므로 생명 존중 사상은 자살과 폭력 등 생명이 가치를 잃고 발생하는 많은 문제들을 극복할 수 있는 중요한 신념이 될 수 있다.[84]

그동안 종교계는 한해에 1만 3천명이 넘는 사람들이 귀중한 생명을 포기하는 상황을 방관하고, 자살을 개인의 선택, 관행과 교리의 책임으로 미룬 채 자살 유가족의 아픔을 보듬고 치유하는데 게을리 하며 생명 문화 조성에 적극 참여하지 않는 등, 힘들고 외로운 이웃을 돌보는 사랑의 실천과 공동체 회복을 위한 노력도 미흡함을 반성하면서 3월 25일(삶이오)을 생명 존중의 날로 선포함과 동시에, 종교계 간의 힘을 모아 지역사회 공동체 내에 생명 운동 네트워크를 구축하고, 종교단체 간의 설교, 설법, 강론 등을 통해 생명 소중함을 널리 알리고자 하였다. 이에 35개 시민단체로 결성된 한국생명운동연대와 한국종교인연대 등은 2021년 3월 25일을 '생명 존중의 날'로 선포함과 아울러 선언문 채택과 생명 존중 서약식을 개최하였다.[85]

---

83) 진교훈. 2001. 생명이란 무엇인가. 『생명윤리』, 2(2): 2-12.

84) 배정순. 2014. 생명존중기반 문학치료프로그램이 생명존중의식, 자살, 공격성, 삶의 의미에 미치는 영향. 박사학위논문. 경북대학교 대학원 문학치료학과. p. 18.

85) 생명존중시민회의 블로그. 2021. https://blog.naver.com/0910safe/222288037553

✦ 2. 프로그램 구성 ✦

생명 존중 프로그램은 생명이나 생명 존중에 대해 제대로 혹은 충분히 인식하고 있지 않은 개인들, 자살이나 폭력 등에 대한 인식이 부족한 개인들, 자살이 마치 고통의 해결책이라는 잘못된 서사를 가진 개인들에게 생명과 생명 존중의 의미를 구체적으로 경험하도록 제공하여, 개인들의 잘못된 신념이나 가치관에 변화를 주도록 노력한다. 한 개인이 가지고 있는 생명과 생명 존중에 대한 가치 변화를 이끌어내고 자살이나 죽음에 대한 왜곡된 생각을 바로잡아 주는 것은, 한 개인이 삶에 대해 가지는 부정적인 서사를 바꾸어 심리적 정서적 건강을 되찾아주는 독서치료의 역할과 유사성을 가진다. 따라서 생명 존중 프로그램에 독서치료를 접목하는 것은 개인의 부정적인 서사를 바로잡고 정서적 건강을 되찾는데 도움을 줄 것이다.[86]

본 프로그램은 총 12세션으로 구성되었으며, 자연을 통하여 생명의 귀중함을 느끼게 하는 자연 친화 독서치료라는 특징이 있다. 이와 같은 구성을 택한 이유는 많은 노인들이 식물이나 동물 등의 자연과 생명을 좋아하고, 직접 기르는 등의 실천을 하고 있기 때문이다. 또한 아직 실천하지 않더라도 이번 기회를 통해 그 가치와 중요성을 인식한 뒤, 차차 경험할 수 있는 계기를 만들어 드리기 위해서였다. 따라서 본 프로그램에 참여하는 노인들은 본인의 삶과 함께 자연에 관한 이야기와 체험을 병행하면서 생명 존중 의식을 높이고, 여생을 보다 행복하게 지낼 수 있을 것이다. 다음의 〈표〉는 이상과 같은 목표 의식이 반영된 독서치료 프로그램의 세부 계획으로, 신체 생리학적인 측면에서 눈이 나쁜 노인이라는 특성을 반영해 문학작품은 그림책 위주로 선정을 했으며, 관련 활동은 이야기나누기와 자연 체험 등 정적인 면과 동적인 면을 함께 고려해서 선택했다.

---

86) 배정순. 2014. 앞의 논문. p. 44. (포함된 내용 중 문학치료를 독서치료로 바꾸어 적음)

〈표〉 노인 생명 존중을 위한 자연 친화 독서치료 프로그램 계획

세션	세부 목표	문학작품	관련 활동
1	마음 열기	도서 : 꽃이 핀다 도서 : 봄이 오면 다시 만나자	프로그램 소개, 집단 서약서 작성, 꽃으로 소개하는 나, 내 화분 만들기
2	삶의 과정 점검 1 - 나의 탄생과 유아동기	도서 : 옛날에는 그렇게 컸어	나의 어릴 적 이야기
3	삶의 과정 점검 2 - 청소년기 및 성인기	도서 : 단물고개	나의 젊은 시절 이야기
4	삶의 과정 점검 3 - 노년기	도서 : 내 손주	나의 현재 이야기
5	나 인정해주기	도서 : 사람은 누구 복으로 사는가?	복 주머니 채우기
6	생명 점검 1 - 내가 만난 생명들	도서 : 냐옹이	생명을 만나다
7	생명 점검 2 - 내가 잃은 생명들	도서 : 생명을 먹어요	사랑과의 이별
8	생명 점검 3 - 내가 살린 생명들	도서 : 나의 사과나무	내 손이 약손
9	생명 점검 4 - 나와 사는 생명들	도서 : 나는 여기 있어요	나와 사는 생명들 사진 찍기
10	삶의 의미 재확립	도서 : 내가 태어났을 때	준비된 의도
11	삶의 자원 구축하기	도서 : 나에게 작은 꿈이 있다면	Self Care 시스템 구축하기
12	여생에 대한 바람	도서 : 할아버지의 시계	화분 살펴보기, 앞으로의 삶에 대한 바람, 참여 소감 나누기

1 세션 Session

1) 세부목표 : 마음 열기

『노인이 말하지 않는 것들 / 종합케어센터 선빌리지 지음, 박규상 옮김 / 시니어커뮤니케이션 / 2006』이라는 책은 2006년 일본 요미우리 신문사에서 수여하는 〈제3회 일본 치매케어학회/요미우리 치매케어상〉 공로상을 수상한 '사회복지법인신생회'의 이사장이 운영하는 산하 노인 관련 시설 및 회사의 노인 수발 전문가들이 쓴 현장 사례집이다. 따라서 이 책은 전문 직업인으로써 노인 수발 종사자들에게, 서비스 대상자인 고령자들이 마지막까지 인간의 존엄성을 지키며 인간답게 살아가기 위해서는 어떤 이념을 갖고 어떻게 서비스를 제공해야 하는가에 대해 알려준다. 그런데 이와 같은 의도에도 노인들은 마음을 쉽게 열지 않는 면이 있기 때문에, 그 분들이 먼저 마음을 열어줄 때까지 기다리는 것이 중요하다고 한다.

이와 같은 맥락은 본 프로그램에도 똑같이 적용될 것이다. 물론 개인에 따라, 어떻게 접근해 가느냐에 따라 마음을 활짝 여는 속도 또한 다르겠지만, 참여 노인들이 조금씩이라도 문을 열어갈 수 있도록 첫 단추를 잘 꿰는 것이 중요하다.

2) 문학작품

① 도서 : 꽃이 핀다 / 백지혜 지음 / 보림 / 2007

동백, 민들레, 진달래, 꽃마리, 모란, 대나무 등 색깔도 모양도, 향기도 다른 여러 종류의 꽃과 식물들에게 담겨 있는 의미를 설명해 주고 있는 그림책이다. 따라서 이와 같은 의미와 참여 노인들 각자의 취향을 담아 자신과 가장 닮았다고 생각하는 것을 하나 골라 자기소개 활동으로 연결하기 위해 선정한 책이다. 만약 내가 선택하고 싶은 꽃이나 나무가 이 그림책에 소개되어 있지 않다면, 범위를 넘어서 선택하고 그 이유가 무엇인지도 함께 이야기 나누어 보면 좋겠다.

② 도서 : 봄이 오면 다시 만나자 / 차보금 글, 이정인 · 이재은 그림 / 월드베스트 / 2014

어느 날 예쁜 씨앗을 선물 받은 봄이, 그런데 어떤 씨앗인지는 모른다. 그래도 곧 싹이 트면 알 거라는 생각에 빈 사탕 통으로 화분을 만들고, 질 좋은 흙을 조심조심 담은 뒤 손가락으로 구멍을 만들어 씨앗을 넣고 흙으로 덮은 뒤 물을 흠뻑 주었다. 그런 다음 햇살이 잘 드는 창가에 두고 자주 인사하며 정겹게 말도 건넨다. 곧 떡잎이 나오더니 줄기와 잎이 자라며 키도 커지자 화분이 좁아 꽃밭에 옮겨 심었더니 이내 연분홍빛 봉숭아가 피었다.

이 그림책은 '씨뿌리기와 화분 가꾸기'를 알려 주기 위한 과학 분야의 책으로, 첫 번째 세션을 위해 선정한 이유는 우리의 만남이 마치 씨를 뿌리는 것과 같으며, 추후 어떤 곳으로 피어날 것인가는 서로의 노력에 따라 달라질 수 있다는 의미를 부여하기 위해서이다.

3) 관련 활동

① 프로그램 소개

독서치료 프로그램에 참여하는 모든 대상들이 마찬가지지만, 특히 노인들은 내용을 정확히 모른 채 첫 세션에 임하는 경우가 많다. 그 이유는 다른 노인에게 정확하게 전달받지 못했기 때문일 수도 있고, 혹은 주변의 그 누구도 이 프로그램의 속성이나 내용을 정확히 몰랐기 때문일 수도 있다. 상황이 그렇다 보니 오해로 참여했다가 확인 후 퇴장하는 분들도 계실 수 있는데, 이때에는 오히려 치료사가 당황스러울 수도 있다. 그러므로 상세하면서도 정확하게 프로그램에 대한 소개를 해드릴 필요가 있다.

② 집단 서약서 작성

노인들과의 집단 독서치료 프로그램에서는 시간 약속이 필요 없을 정도여서 서약서에 이 내용을 넣어야 할까 하는 생각이 들 정도이다. 그러나 집단 세션에서 나눈 이야기에 대한 비밀 유지는 반드시 넣어야 하며 몇 번이고 반복해서 주지시킬 필요가 있다. 그 밖에 건강상의 이유로 불참하는 경우도 많기 때문에, 그럴 때에는 치료사나 기관 담당자에게 필히 연락해 주실 것에 대한 내용도 포함시키는 것이 좋다. 관련 활동 자료는 앞서 제시한 서약서를 수정 보완해서 사용하시기 바란다.

③ 꽃으로 소개하는 나

사람이 꽃보다 아름다운 이유는 더 오래 살 수 있기 때문이다. 그래서 여러 색깔과 향기를 가질 수 있기 때문에 훨씬 아름다운 것이다. 이 활동은 이처럼 다양한 색깔과 향기를 갖고 열매도 맺었던 나를, 가장 닮은 것 같은 꽃이나 나무에 비유해 보는 것이다. 무엇보다 각 노인들이 어떤 종류를 골랐는가도 중요하지만, 탐색 차원에서는 그 이유도 들어야 가치가 생긴다.

④ 내 화분 만들기

이 활동은 두 번째 선정 도서와 연계를 한 것으로, 참여 노인들이 씨앗을 심어 내 화분 만들기를 한 뒤 프로그램실 창가에 두고 관리를 하며, 프로그램이 끝날 때까지의 변화 과정을 살펴보며 생명의 신비로움과 책임감을 계속 느낄 수 있게 하는데 목적이 있다. 따라서 이 활동을 하기 위해서는 여러 종류의 꽃씨와 화분을 준비해야 하고, 각자의 화분에 심을 꽃씨는 노인들이 직접 선택할 수 있도록 하고 그 이유와 기대감을 함께 나누면 되겠다.

2 세션 Session

1) 세부목표 : 삶의 과정 점검 1 – 나의 탄생과 유아동기

두 번째 세션부터 네 번째 세션까지는 참여 노인들의 삶의 과정을 점검하면서 탐색을 하는데 목표가 있다. 그 중 첫 번째 시간에는 '나의 탄생과 유아동기'를 점검하려는데, 분명히 기억의 대부분은 소실이 되었겠으나 그럼에도 가장 중요한 것들은 그대로 보존되어 있을 것이다. 그러므로 필요하다면 사진이나 노래를 활용하는 것도 좋겠다. 왜냐하면 사진은 직관적으로, 그리고 노래는 감성적인 측면에서 기억 회상에 도움을 주기 때문이다. 다음 사진은 필자가 갖고 있는 가족사진으로, 1970년도 즈음에 찍은 것으로 추정하고 있다.

2) 문학작품

도서 : 옛날에는 그렇게 컸어 / 임규분 지음 / 여주책배여강 / 2018 / 비매품

이 그림책은 1930년생으로 여주시 삼합리에 살고 계신 임규분 할머니께서 지은 것으로, 팔남매 중 넷째로 태어나 어릴 때부터 잔병치레를 많이 했던 기억이 담겨 있다. 두 번째 세션을 위해 이 그림책을 선정한 이유는, 많은 형제들이 있거나 지금은 간단히 치료가 될 질병들도 당시에는 약이나 병원이 없었기 때문에 꽤 오래 앓아야만 했던 상황들이 참여 노인들에게 동일시를 불러일으킬 것이라 생각했기 때문이다. 따라서 나의 탄생과 유아동기에 대한 이야기를 나누는 시간이기 때문에, 각자의 기억을 소환해 올 수 있도록 활용할 필요가 있겠다.

3) 관련 활동

① 나의 어릴 적 이야기

이 활동은 제목 그대로 참여 노인들의 어릴 적 이야기를 나누는 것이다. 매우 오래 전이겠지만 그럼에도 선명하게 남아 있는 기억들이 있을 것이므로, 그런 것들을 중심으로 한 참여자가 너무 많은 시간을 사용하지 않도록 하는 것이 좋겠다.

세션 Session

1) 세부목표 : 삶의 과정 점검 2 – 청소년기 및 성인기

세 번째 세션에서의 삶의 과정은 청소년기와 성인기를 한꺼번에 점검하고자 한다. 그 이유는 부모님의 뜻에 따라 학업이나 일에 매진하느라 그다지 특별하지 않은 청소년기를 보냈다는 분들이 계실까봐서이다. 따라서 다소 범위가 넓기는 하지만, 중요한 기억들 중심으로 이야기를 나눈다면 무리가 없을 것이다.

2) 문학작품
도서 : 단물고개 / 소중애 글, 오정택 그림 / 비룡소 / 2010

옛날 깊은 산골에 가난해도 늙은 어머니를 지극 정성으로 모시는 총각이 있었다. 총각은 나무를 팔기 위해 지게에 지고 고개를 넘던 중 목이 마르던 차에 바가지만한 크기의 샘을 발견한다. 그런데 그것은 얼음처럼 차갑고 머루처럼 달콤하면서도 박하처럼 향기로운 단물이었다. 그래서 자신처럼 고개를 넘다가 목이 마른 사람들에게 단물을 파는데, 새벽부터 늦은 밤까지 장사를 했기 때문에 바쁘다는 이유로 예전처럼 어머니를 모시지 않았고, 벌어들인 돈으로 무엇을 할 것인가 궁리만 했다. 그런데 그처럼 총각의 욕심이 커지면 커질수록 단물은 점점 메말라갔고, 결국에는 샘 전체가 사라져 버리고 만다.

세 번째 세션을 위해 이 그림책을 선정한 이유는, 총각의 행동이 마치 한창 혈기가 왕성해 부모님의 뜻을 거스르며 갈등 상황을 유발하는 청소년, 혹은 성인이 되어 독립해 자신의 일을 하느라 부모님과의 관계가 소원해지는 성인들의 모습과 비슷했기 때문이다. 이에 이 그림책을 바탕으로 참여 노인들에게 본인들의 청소년기 및 성인기에는 어땠는가 생각을 해보고, 그 내용을 정리해 함께 이야기를 나누면 되겠다.

3) 관련 활동

① 나의 젊은 시절 이야기

이 활동 역시 제목 그대로 참여 노인들의 청소년기 및 성인기의 그야말로 가장 젊었기에 에너지도, 꿈과 희망도 많았을 시절에 대한 이야기를 나누는 것이다. 그 이야기들 속에는 도전과 함께 부모님과의 갈등, 사회와의 갈등도 포함되어 있을 것이며, 사랑과 성취에 대한 측면도 담겨 있을 것이다. 마찬가지로 특정 참여자가 시간을 지배하지 않도록 고른 배분이 중요할 것이다.

4 세션 Session

1) 세부목표 : 삶의 과정 점검 3 - 노년기

네 번째 세션의 세부목표는 노년기인 현재의 이야기를 통해 삶의 과정을 마지막으로 점검하는 것이다. 아래 시의 제목과 내용처럼 하루를 어떻게 보내시는지, 아니면 일주일 중 정기적으로 하고 계시는 일이 있는지 등에 대해 탐색을 하면 되겠다.

노인의 하루

윤석구

노인이 느끼는 하루의 시간은 가을비처럼 오락가락한다.
때로는 하루가 1년 같고 1년이 하루 같고 낮보다 저녁이 더 길다.
한 계절보다 1년을 보내는 것이 더 짧은 것 같다.

그러니 노인의 하루는 하루가 아니다.
살아온 날보다 살아갈 날이 훨씬 짧은데도
왜 그토록 날마다 하루의 시간과 힘겹게 다퉈야하는지 모르겠다.

노인은 사람보다 당장 앞에 보이는 모든 것들과
친구가 되려고 노력해야 외롭지 않다는데
갈수록 보이는 것마저 희미해져 순간순간 당황할 때가 많다.

젊음들이여, 그대들 늙어보았는가.
외로이 늙어 하루를 오락가락하지 않으려면
노인들과 가끔이라도 어울려 노인 연습 좀 하구려.
밤이 깊을수록 별이 아름다운 것은 외로운 사람들에게
위안을 주는 사람의 선물이 되듯

서산에 걸린 조각달처럼 된 노인도
사랑의 눈빛은 살아있다네.
귀뚜라미가 밤에만 울어주는 것도 오락가락했던
하루를 위로하는 자연의 선물로 얼마나 고마운지 모른다네.

노인의 하루하루는 지루하게 반복되는 시간이 아니라
순간순간 사라져가는 노을 같은 시간이라 생각되네.
그대들이여 노을에 물들어 보았는가.

외로이 늙어 외롭지 않으려면 황혼에 물든
노인들과 어울리는 연습 좀 많이 해보구려.
젊어서 실천하지 못한 노인들은
후회하고 또 후회하며 산다네.

『늙어가는 길 / 윤석구 지음 / 출판이안 / 2020』

2) 문학작품

도서 : 내 손주 / 오순희 지음 / 여주책배여강 / 2018 / 비매품

이 그림책은 1931년생으로 여주시 삼합리에 살고 계신 오순희 할머니께서 지은 것으로, 근처에 살고 있어서 금요일마다 찾아오는 손자들에 대한 내용이다. 남편이 돌아가신 뒤 외롭게 지낼 할머니를 위해 찾아오는 중학교 1학년, 초등학교 5학년 손자들. 비록 다녀가면 서운하지만 노년기 고독감 해소는 물론 살아가야 할 이유도 제공해 주는 대상들임에 틀림없다.

네 번째 세션을 위해 이 그림책을 선정한 이유는 할머니, 어머니, 그 밖의 역할들로 살아가고 계실 참여 어르신들의 '노년기의 나'에 대한 이야기를 나누기 위해서이다. 물론 자녀 및 손자녀와의 관계가 좋지 않아서 더 서글픔이 커지는 분도 계실지 모르겠으나, 그 또한 현재 삶의 모습이니 점검을 해보면 좋겠다.

3) 관련 활동

① 나의 현재 이야기

이 활동은 현재 노년기를 보내고 있는 삶의 모습에 대해 이야기를 나누는 것이다. 따라서 현재 누구와 살고 있는지, 하루를 어떻게 보내고 있는지 등에 대한 내용이 담길 텐데, 만약 참여자들이 같은 동네에 살거나 혹은 노인복지관 등 같은 기관에 다니고 있다면 시간 절약을 위해 반복되는 내용은 생략을 부탁드리는 것도 좋겠다.

5 세션 Session

1) 세부목표 : 나 인정해주기

스위스 취리히에서 심리학을 전공한 후 독일의 '위기 개입(Crisis Intervention) 전문 기관'에서 근무했으며, 2007년부터 심리치료센터를 설립해 자기 비난에 빠진 사람들이 자신을 사랑할 수 있도록 도와주고 있는 '안드레아스 크누프(Andreas Knuf)'는, 주류 심리학 외에도 몸의 변화, 신체심리학, 존재심리학, 행동요법 등을 추가로 공부해 '하이브리드 심리학'적인 측면의 치료법을 개발했다고 한다. 그의 치료법은 수용전념 치료(ACT)에 기반을 두었기 때문에 변화보다 수용의 중요성을 일깨움으로써 수치심과 죄책감, 열등감으로 얼룩진 사람들에게 당당하고 자유롭게 인생의 시련을 헤쳐 나갈 수 있는 법을 가르쳐주고 있다.

크누프가 쓴 책『나를 사랑하지 못하는 나에게 : 있는 그대로의 내 모습을 인정하기 위한 자존감 훈련 / 박병화 옮김 / 걷는나무 / 2017』에는, 그가 강조하는 치료법이 잘 담겨 있는데 몇 장면을 그대로 옮겨보면 다음과 같다.

우리는 부족한 내 모습에 대해 스스로에게 책임을 묻는다. 내가 어떻게 하면 변할지를 정확하게 알고 있지만, 행동하지 않기 때문이다. 예컨대 먹는 것을 줄이면 날씬해진다는 것을 알면서도 여전히 식단 조절은 어렵고, 아침 일찍 운동을 하기는 더 힘들다. 그래서 매번 다이어트에 실패하곤 한다. 이처럼 인간은 본래 편한 것을 추구하기 때문에 머리로 안다고 해도 실행이 쉽지 않다. 그러니 지금 모습은 여전히 불만족스럽고, 이때 우리는 자신을 더 억누르고, 더 엄격하게 자신을 채찍질해야 한다고 생각한다. 그래서 우리는 늘 타인보다 자신에게 가혹하다. - 10p. [지금 당신의 모습을 사랑할 수 있나요?]

자신의 모든 모습을 사랑할 필요는 없다. 사실 자신을 받아들이는 과정에서 모든 면을 긍정적인 것으로 생각하는 태도가 필요한 것은 절대 아니다. 우리는 누구나 스스로에 대해 마음에 들지 않는 특징과 마음에 드는 점을 함께 갖고 있다. 독특한 탐욕이나, 질투심, 복수심, 이기적인 태도, 끊임없는 불평불만, 비겁한 태도와 같은 특징을 모두 좋아할 수는 없다. 이런 특징까지 모두 좋아할 필요도 없으며, 좋아하지 않는다고 해서 스스로를 비난할 것은 더더욱 아니다. 이런 점들을 바꾸고 싶어 하는 것은 지극히 정상이며, 건강한 태도다. - 81p. [나의 모든 모습을 사랑할 필요는 없다]

'자신의 욕구에 따라 살라'는 말은 다른 사람의 감정을 무시하고 제멋대로 삶을 즐기라는 의미가 아니다. 종종 이 말 때문에 자신에게 친절하다는 것을 완전한 이기주의로 오해하는 사람들이 있다. 문제는 자신의 욕구가 무엇인지를 정확하게 인지하고, 그 다음은 그중에서 어떤 것을 어떤 형태로 실현할 수 있는가 하는 것이다. 우리의 삶이 신청곡을 들려주는 음악 프로그램도 아니고, 당연히 모든 욕구를 실현할 수는 없다. 늘 타협할 자세를 갖추어야 하고, 다른 사람의 욕구를 위해 자신이 원하는 것을 보류할 줄도 알아야 한다. 핵심은 자신의 욕구가 무엇인지 '인지'해야만 그것을 '이행'할지 또는 '보류'할지를 결정할 수 있다는 것이다. - 161p. [먹고 싶은 걸 먹고, 자고 싶을 때 자고, 하고 싶은 대로 하고 살 권리]

이 프로그램에 참여하는 한국의 노인들은 여러모로 어려웠던 시대를 살아왔다. 이런 환경은 사람들로 하여금 심적인 여유도 부족하게 만들기 때문에 서로를 인정하거나 사랑한다는 표현도 줄어들게 한다. 대신 말하지 않아도 알아야 하는 문화 속에서 자신의 가치를 끊임없이 키워나갔을 가능성이 높다. 때문에 어느덧 그런 문화가 몸에

배어 스스로를 인정하는 것이 쉽지 않을 수 있다. 그러므로 스스로를 안아주는 것, 사랑하거나 고맙다는 말을 하는 것 등에 대해 구체적으로 알려드리고 함께 실습도 해보면 좋겠다.

2) 문학작품
도서 : 사람은 누구 복으로 사는가? / 이규수 엮음, 방정화 그림 / 재능교육 / 2010

옛날 옛날에 부인이 일찍 죽어 딸 셋을 혼자 키우는 아버지가 있었다. 세 딸을 아주 귀하게 키운 아버지는 딸들이 자신을 얼마나 고맙게 생각하는지 알고 싶어 "너는 누구 복으로 사느냐?"라는 질문을 한다. 그러자 두 딸과 달리 셋째는 자신의 복으로 잘 산다고 답을 하고, 이에 화가 난 아버지는 그 딸을 내쫓는다. 집에서 쫓겨난 막내딸은 산속을 걷다가 순박하고 어수룩해 보이는 총각과 결혼을 해서 살게 되는데, 숯가마 주위에 있던 금을 팔아 큰 부자가 되어 언니들에게 재산을 모두 뺏긴 채 떠돌던 아버지를 잘 모시게 된다.

다섯 번째 세션을 위해 이 그림책을 선정한 이유는, 본 프로그램에 참여하고 계시는 노인들 역시 자신들의 복으로 살고 계시다는 이야기를 해드리고 싶었기 때문이다. 많은 고생을 하며 열심히 살아왔지만 그 모든 것이 자신의 복이라고 당당히 말씀하지 못하셨을 노인들이, 스스로를 인정해 주는 기회로 연결하면 좋겠다.

3) 관련 활동

① 복 주머니 채우기
복 주머니는 복이 담겨 있는, 복을 담는 주머니이다. 따라서 이 활동은 내가 갖고 있는 복이 무엇이었는지, 그 덕에 어떻게 살아왔는지에 대한 이야기를 나누는 것이다. 이야기 소재 준비를 위해 〈관련 활동 5-1〉에 제시한 순서에 따라 복 주머니를 접어도 되고, 아니면 실제 복 주머니를 각 참여 노인들에게 나누어 드린 뒤, 복의 종류는 종이에 적은 뒤 접어서 넣은 다음 하나씩 꺼내어 소개를 하는 방법도 좋겠다. 〈관련 활동 5-1〉에 담은 복 주머니 접기 순서는 네이버 블로그 '날개 달린 종이'[87]와 '내 작은 궁전'[88]에서 각각 가져온 것이다.

---

87) 네이버 블로그 '날개 달린 종이'. https://blog.naver.com/pyooa/9077041

88) 네이버 블로그 '내 작은 궁전'. https://blog.naver.com/rudxor201/10129904926

1. 방석접기를 시작하여 윗면만 폅니다.

2. 삼등분이 되게 접었다 편 후
양쪽 밑면을 접어 올립니다.

3. 선대로 접어 올립니다.

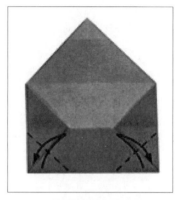

4. 양쪽을 접었다 폅니다.

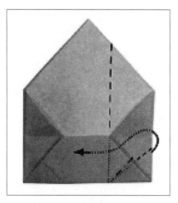

5. 그림처럼 안쪽을 접습니다.

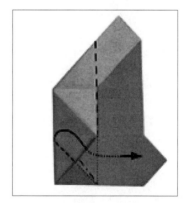

6. 같은 방법으로 접습니다.

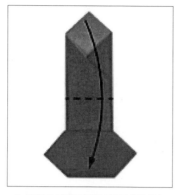

7. 밑까지 내려오도록 접어 내립니다.

8. 복주머니 완성

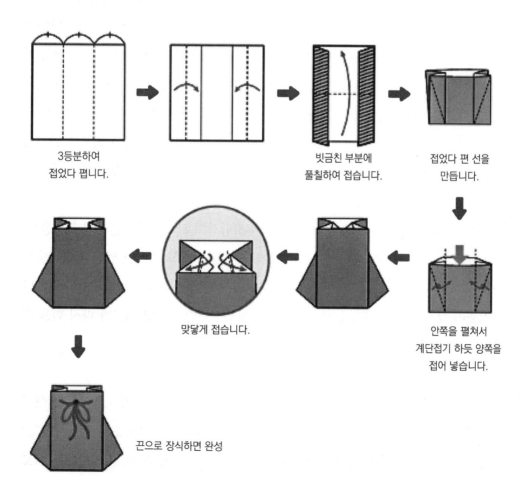

3등분하여
접었다 폅니다.

빗금친 부분에
풀칠하여 접습니다.

접었다 편 선을
만듭니다.

안쪽을 펼쳐서
계단접기 하듯 양쪽을
접어 넣습니다.

맞닿게 접습니다.

끈으로 장식하면 완성

6 세션 Session

1) 세부목표 : 생명 점검 1 - 내가 만난 생명들

지난 2019년 9월 29일 일요일, SBS-TV 「동물농장」 프로그램에는 의정부에서 파주까지 매일 왕복 4시간 거리를 다니며 백구에게 밥을 챙겨주시는 할머니 한 분이 소개됐다. 이 할머니는 세 마리의 반려견이 모두 무지개다리를 건너자 심란한 마음에 정처 없이 거닐던 중 홀로 공원에서 눈을 맞고 있던 백구를 만나게 되었다고 한다. 이때부터 할머니는 매일 백구의 밥을 챙겨주며 위로를 받았다고 하는데, 결국 백구는 구조가 되어 다른 집에 입양을 가게 되었다. 그러자 할머니는 며칠 동안 식사도 못 하셨고, 백구 또한 입양된 집에서 탈출을 했다고 한다. 결국 44일 만에 백구를 만나게 된 할머니는 그 후 매일 다시 밥을 챙겨주시면서 백구로부터 위로를 받고 계셨다.

때로 동물이 사람보다 낫다고 한다. 그래서 사람과의 관계보다 동물과의 교감을 더 중요하게 여기는 분들도 계신데, 어쩌면 저 할머니도 항상 곁에 있었던 강아지들이 자주 볼 수 없는 자녀나 손자녀들보다 훨씬 낫다고 생각했을 수도 있다. 그래서 그 반려견들이 모두 떠나자 마음을 잡을 수가 없었는데, 그 당시 만난 백구가 다시 힘을 낼 수 있는 원동력이 되어준 것 같다.

여섯 번째 세션의 세부목표는 '내가 만난 생명들'이다. 실로 우리는 일생을 살아가며 많은 생명들을 만난다. 물론 그 대상이 너무 많아서 때로는 귀함조차 모르지만, 그 만남마다 나름의 인연과 과정이 있으니 특별하다고 할 수 있다. 이번 시간에는 바로

그 특별한 생명들과의 만남에 대해 이야기를 나누어 보자.

2) 문학작품

도서 : 냐옹이 / 노석미 글 · 그림 / 시공주니어 / 2008

길에서 사는 이름 없는 고양이가 있다. 길에서 살기 때문에 밥을 챙겨주는 사람이 없어서 늘 배가 고픈 고양이는, 자신을 싫어하는 사람들도, 수다스러운 새도, 방정맞은 개도, 아이들도 싫다. 그런데 어느 날 한 소년이 자신을 냐옹이라고 부르더니 비가 내리는 날에는 우산을 씌어주고 간다. 그 날 이후 냐옹이는 소년이 부르는 소리에 귀를 기울이게 된다.

이 그림책에는 길에서 사는 고양이가 사람에게 마음을 여는 과정이 담겨 있다. 따라서 여섯 번째 세션의 세부목표인 '내가 만난 생명들'에 관한 이야기와 연결을 짓기 위해 선정했다. 이 세상 모든 것들이 관심과 서로의 마음 열기 과정을 통해 관계로 연결된다는 원리에 대해 함께 이야기 나누기를 바란다.

3) 관련 활동

① 생명을 만나다

이 활동은 참여 노인들이 그동안 살아오면서 만났던 여러 생명들에 대한 이야기를 나누는 것으로, 사람에서부터 동물 및 식물에 이르기까지 특별히 기억에 남아 있는 대상 위주로 선택을 하시도록 안내하면 된다.

7 세션 Session

1) 세부목표 : 생명 점검 2 – 내가 잃은 생명들

> 수명이 아무리 길어도,
> 수명이 아무리 짧아도,
> 시작이 있고 끝이 있는 것은
> 모두 마찬가지란다.
> 그 사이에만 사는 거지.
>
> 이 세상 모든 것이 다 그렇지.
> 풀도,
> 사람도,
> 새도,
> 물고기도,
> 토끼도,
> 아주 작은 벌레까지도.
> 이 세상 어디에서나!

『살아 있는 모든 것은 / 브라이언 멜로니 글, 로버트 잉펜 그림 / 마루벌 / 2008』

이미 알고 있고, 모두에게 공평한 진리이지만, 그럼에도 잃는다는 것은 슬픔과 아쉬움을 동반하는 과정이자 결과이다.

일곱 번째 세션에서는 살아온 세월만큼 많은 것을 잃었을 참여 노인들의 생명에 대한 상실에 대한 이야기를 나눈다. 따라서 다른 시간보다 더 경청과 수용이 필요할 것이다.

2) 문학작품

도서 : 생명을 먹어요 / 우치다 미치코 글, 모로에 가즈미 그림, 김숙 옮김 / 만만한책방 / 2022

이 그림책은 '소'를 파는 사람과 '도축'을 하는 사람에 의해 결국 '소'의 생명이 희생되기 때문에 우리가 고기를 먹을 수 있다는 점에 대해 이야기를 한다. 즉, 사람이 살아가는 일은 생명을 먹는 일이자 동시에 죽이는 일이라는 점, 따라서 먹을거리에 대해 감사한 마음을 가질 필요가 있다는 점을 일깨워 준다.

일곱 번째 세션을 위해 이 그림책을 선정한 이유는, 결국 내가 이렇게 살아가는 데에는 많은 생명들의 희생이 있었을 것이기 때문에, 그렇게 잃은 생명들에 대한 이야기를 나누기 위해서이다. 부모님이나 형제들의 희생이, 나아가 가축이며 채소의 죽음이 지금의 나를 살게 만들어 주고 있다.

3) 관련 활동

① 사랑과의 이별

나에게 어떤 의미로 남은 대상이라면 분명 사랑이라는 감정이 있었을 것이다. 그래서 이번 세션은 '내가 잃은 생명들'이라는 세부목표와 '생명을 먹어요'라는 선정 도서의 내용에 따라 활동 제목을 '사랑과의 이별'이라고 지었다. 참여 노인들이 수없이 겪었을 사랑과의 이별에 대한 이야기를 하는 것이 한 편으로는 가슴에 묻어둔 상처를 헤집는 일일 수도 있지만, 경청과 공감으로 서로에게 위로가 될 수 있을 것이다.

세션 8 Session

1) 세부목표 : 생명 점검 3 - 내가 살린 생명들

『詩經』의 〈孝行篇〉에는 '父兮生我(부혜생아) 母兮鞠我(모혜국아) 哀哀父母(애애부모) 生我 劬勞(생아구로) 欲報深恩(욕보심은) 昊天罔極(호천망극)'이라는 문장이 나온다. 그 뜻은 '아 버지 날 낳으시고 어머니 날 기르시니, 애달프고 애달프다 우리 부모님, 낳고 기르시 느라 고생하셨네. 은혜를 조금이나마 갚으려 하나, 넓고 넓은 하늘처럼 끝도 없어라.' 로 부모님에 대한 은혜를 다 갚을 길이 없어 죄송하다는 마음을 담고 있다.

모든 사람들은 부모님이 계셨기 때문에 태어났다. 따라서 부모님은 나를 이 세상에 태어나게 하신, 내가 살 수 있게 하신 분들이다. 그러므로 만약 내가 부모가 되어 자 녀를 낳는다면 같은 역할을 하게 되면서 자연스럽게 세대의 연결자도 되는 것이다.

여덟 번째 세션의 세부목표는 '내가 살린 생명들'로, 내가 낳은 자녀들과 매년 열심 히 키우고 있는 농작물들, 식물들, 동물들이 이야기 범위에 포함될 수 있다. 다만 이 와 같은 주제로 노인들과 이야기를 나누다 보면, 내가 키운 자식이나 손자녀의 잘남 으로 이어질 가능성이 높기 때문에, 그런 맥락보다는 자신이 주체가 되어 어떻게 키 웠는가에 대한 과정에 집중할 수 있도록 이끌어 가는 것이 중요하겠다.

2) 문학작품

도서 : 나의 사과나무 / 루스 게리 오바크 글 · 그림, 최용은 옮김 / 키즈엠 / 2015

마당에 있는 오래된 사과나무, 늘 앙상해서 사람들은 그 나무가 죽은 줄 알고 주변에 쓰레기를 버린다. 그러나 사과나무가 죽지 않았다는 것을 안 주인공은 쓰레기를 치우고, 풀을 뽑고, 갈퀴로 땅을 정리한 뒤 주변에 예쁜 꽃도 심는다. 그러자 볕이 따사롭고 봄비가 촉촉하게 내리고 난 뒤 사과나무의 가지마다 푸른 잎이 돋아나고 이내 꽃이 피더니, 곧 사과가 열린다. 그런데 아무리 따 먹어도 계속 열리는 사과를 보관하는 것도 곤란해지자, 사과 축제를 벌여 모두와 나누어 먹는다. 죽은 줄 알았던 사과나무를 살리고, 그 열매로 여러 생명들도 살린다는 내용의 이야기이다.

여덟 번째 세션을 위해 이 그림책을 선정한 이유는 내가 살린 생명들에 대한 이야기를 나누기 위해서이다. 어린 시절을 시골에서 보냈거나 지금도 보내고 계신 분들, 혹은 화초 가꾸기를 좋아하는 분들은 그림책의 소재가 사과나무이기 때문에 더 공감을 하실 테고, 동물이나 다른 생물로 이야기를 확장시킬 수 있을 것 같아 선정했다.

3) 관련 활동

① 내 손이 약손

『내 손이 약손이다 / 석호열 지음 / 태웅출판사 / 2005』라는 책의 내용에 따르면, 옛날부터 할머니들께서 배가 아프다는 손자의 배위에 손을 대고 계속 문지르면서 "내손이 약손이다."를 계속하여 외는 동안에 통증이 사라진 것은, 손으로부터 나오는 일종의 활력으로 환자의 '병든 기(氣)'를 내쫓아버리는 원리에 입각한 것으로 본다고 한다.

이에 '내 손이 약손' 활동은 참여 노인들이 관심과 정성으로 살려냈거나 생명을 연장시켰던 대상에 대한 이야기를 나누기 위한 것이다. 일례로 이미 죽은 줄 알고 누군가 버린 화분을 주워 키워서 꽃을 피운 내용들이 이 안에 포함될 수 있겠다.

9 세션 Session

1) 세부목표 : 생명 점검 4 – 나와 사는 생명들

노인들이 건강하고 행복하게 살 수 있는 환경의 요건에는 어떤 것들이 포함될 수 있을까? 개인별 성향이나 건강 상태 등 여러 가지가 고려되어야 하겠지만, 대략 다음과 같은 것들이 우선 떠오른다.

첫째, 함께 이야기를 나눌 사람들이 있는 곳이어야 한다. 시골의 노인들은 주로 마을회관에, 도시의 노인들은 노인복지관이나 경로당에 모여 많은 시간을 보낸다. 그 이유는 그곳에 이야기를 나누고 함께 음식을 먹으며 놀이도 즐길 수 있는 사람들이 있기 때문이다. 그러므로 사람은 자연환경이나 경제적인 측면에 앞서 가장 중요한 요소라고 할 수 있다.

둘째, 체험을 통해 오감을 느낄 수 있는 곳이어야 한다. 예쁜 꽃을 보고 향기를 맡을 수 있는 곳, 직접 재배한 채소를 따서 먹을 수 있는 곳, 몸을 움직이는 활동을 할 수 있는 곳 등 오감을 두루 활용할 수 있으려면 자연이 집 안에 들어와 있거나 인접하고 있는 곳이어야 한다.

셋째, 주요 기관들이 가까운 곳이어야 한다. 몸이 아플 때 찾아갈 수 있는 병원, 필요한 것이 있을 때 사러 갈 수 있는 마트나 시장, 생활 업무를 처리할 수 있는 행정자치센터 등이 가까운 곳이어야 한다.

이외에도 여러 가지가 있겠지만, 우선 정리한 세 가지를 다시 한 번 살펴보니 결국 사람이든 자연이든 생명들과 가까이 있는 것이 가장 중요하다고 하겠다. 따라서 아홉 번째 세션에서는 참여 노인들이 이처럼 중요한 생명들과 얼마나 가까이에서 지내는지, 혹시 그렇다면 어떤 생명들이 주변에 있는지, 만약 그렇지 못하다면 이유는 무엇인지 등에 대해 이야기를 나누면 되겠다.

2) 문학작품

도서 : 나는 여기 있어요 / 콘스탄체 외르백 닐센 글, 아킨 두자킨 그림, 정철우 옮김 /
분홍고래 / 2014

함께 산책을 나간 윌리엄과 할머니는 서로가 무서워하는 것에 대한 이야기를 나눈다. 그런데 '으르렁거리며 쫓아오는 개들', '독침을 쏘는 말벌', '집을 모두 태워버리는 성난 불', '전쟁', '캄캄한 밤', '넘실대는 파도와 상어', '천둥이랑 번개'를 무서워하는 윌리엄과 달리, 할머니는 '다시는 귀여운 다람쥐를 볼 수 없다는 것', '걷는 길에 핀 아름다운 꽃을 다시 못 보는 것', '나무에서 지저귀는 새 소리를 듣지 못하는 것', '호수에 떠 있는 백조를 보지 못하는 것', '자신도 모르는 사이에 까치가 집을 짓는 것'이 가장 무섭다고 말한다. 이어서 어렸을 때에는 윌리엄처럼 세상 모든 것이 무서웠으나 나이가 들고 나니 사랑하는 것들을 잃는 것이 가장 무섭다고 말한다.

아홉 번째 세션을 위해 이 그림책을 선정한 이유는, 삶이 끝나면 볼 수도 만질 수도 향기를 맡을 수도 없기 때문에, 나와 함께 사는, 그래서 나에게 가장 중요한 생명들에 대한 이야기를 나누기 위해서이다.

3) 관련 활동

① 나와 사는 생명들 사진 찍기

사진이야말로 현재 상태를 가장 직관적으로 볼 수 있는 매체이다. 이 활동은 참여 노인들과 함께 살고 있는 생명들을 사진으로 찍어 오시게 해 그 장면들을 함께 나누는 것으로, 식물이나 동물들의 종류는 무엇인지, 그것들과 얼마나 오래 함께 살고 있는지, 그 가운데 가장 애정을 쏟는 것은 무엇인지 등에 대한 이야기를 나누면 되겠다. 만약 노인들 중 스마트 폰을 사용하고 있지 않아 사진을 찍어오는 것이 어려운 분들은 이야기만으로 대체를 해도 되겠다.

10 세 션 Session

1) 세부목표 : 삶의 의미 재확립

삶의 의미

김시종

만원버스에 한 사람이 타고 내려도
아무 표도 안 나듯이,

오늘 요단강을 건너는 사람이 있어도
지구의 하중엔 하등 변함이 없다.

너의 눈에서 눈물의 폭포가 쏟아져도
강물은 조금도 불어나지 않는다.

너의 웃음이 호들갑스러워도
가지를 스치는 바람만큼도
나뭇잎을 흔들리게 할 수 없다.

그러나
너의 조그만 힘이,
너의 조그만 눈물이,

너의 조그만 웃음이,

지구를 움직이는 원동력임을

한시라도 잊어선 안 된다.

『삶의 의미 / 김시종 지음 / 좋은땅 / 2021』

의미치료(Logotherapy)라는 분야가 있다. 이 분야는 1942년부터 1945년까지 아우슈비츠를 포함한 네 곳의 강제수용소에서 부모와 형제, 아내가 죽거나 가스실로 보내진 경험과 함께, 모든 소유물들을 뺏기고, 인간의 모든 가치마저 박탈당한 채 굶주림과 추위, 죽음에 대한 공포를 직접 경험한 빅터 프랭클(Victor E. Frankle)이 확립한 이론이다.

프랭클(1988)[89]에 의하면 인간은 의미를 추구하는 동물이다. 의미 추구가 강하고 계속될수록 건전하며, 의미 추구가 중단되거나 좌절되면 건전하지 못하게 된다. 인간은 쾌락이나 권력을 추구하고 싶고 출세나 남의 인정도 받아 보고 싶어 하지만, 다른 어떤 욕구보다도 가치 있는 것은 삶의 의미를 추구하는 것이다. 인간에게 주어진 일이나 사명은 사람마다 시기마다 독특한 것이기 때문에, 인간이 추구해야 하는 삶의 의미는 일반적인 것이 아니라 주어진 그 순간에, 그 사람에게 구체적인 것이 되어야 한다.

따라서 열 번째 세션에서는 프랭클의 이론에 따라 참여 노인들이 삶의 의미를 구체적으로 재확립할 수 있도록 돕는데 목표가 있다. 참여 노인들이 "이 나이에 뭘"이 아니라 "그 나이이기 때문에"에 그에 적합한 삶의 의미를 찾을 수 있기를 바란다.

---

89) Frankle, V. E. 1988. *The Will to Meaning. Foundations and Applications of Logotherapy.* New York: New American Library.

2) 문학작품

도서 : 내가 태어났을 때 / 이자벨 미뇨스 마르띵스 글, 마달레나 마또주 그림, 송필환 옮김 /
북뱅크 / 2013

이 그림책은 한 사람이 태어나 자라면서 많은 것들을 보고 듣고 느끼며 살아간다는
점을 일깨워 준다. 또한 지금 이 순간에도 계속 새로운 것을 알아가고 있으며, 그것이
세상에서 가장 멋진 일이라고 말한다.

열 번째 세션을 위해 이 그림책을 선정한 이유는, 발달 단계상 어느덧 노년기에 다
다랐기 때문에 신체적인 한계를 느껴 새로운 것에 대한 도전을 하지 않을 노인 참여
자들에게, 세상은 넓기 때문에 새로운 것을 추구하면서 삶의 의지를 다지고 의미도
더해나가시라는 메시지를 전달하기 위해서이다. 물론 저마다 추구하는 삶의 방향이
다를 테니, 각자의 의미를 재확립하는 시간으로 연결 지으면 되겠다.

3) 관련 활동

① 준비된 의도

이 활동은 의미치료에서 사용되는 내담자가 두려워하는 일을 하게 하거나, 그 일이
일어나기를 소망하도록 촉진하는 '역설적 의도(Paradoxen Intension)' 기법을 응용한
것으로, 희망하는 것을 하게 하거나, 그 일이 일어나기를 소망하도록 촉진하는 것이
다. 즉, 내 삶 자체로도 충분한 의미가 있지만, 이런 일이 일어난다면 더 큰 의미를 부
여할 수 있다는 측면에서 그럴만한 것들을 찾아 정리해 보는 것이다.

11 세션 Session

1) 세부목표 : 삶의 자원 구축하기

천재교육에서 발간한 『초등학교 6학년 실과 교과서』에서는 '생활 자원'을 다음과 같이 정의하고 있다.

> 생활 자원이란 우리가 생명과 건강을 유지하고 생활의 만족을 얻기 위해 사용하는 모든 자원을 뜻합니다. 생활 자원에는 음식, 옷, 학용품, 돈, 집, 학교, 에너지 등과 같이 형태가 있는 것과 지식, 기술, 흥미, 친밀감, 협동심, 의사소통 능력, 시간 등과 같이 형태가 없는 것이 있습니다.

> 생활 자원을 잘 관리하면 삶의 만족감을 얻을 수 있고, 생활의 질을 높일 수 있습니다. 따라서 생활 자원을 사용할 때에는 자신의 목표를 고려하여 사용 계획을 세우고 실천하는 노력이 필요합니다.

열한 번째 세션의 세부목표는 삶의 자원 구축하기이다. 그러므로 앞서 살펴본 정의에 있는 항목들을 중심으로 구축된 정도를 확인하고, 만약 추가가 필요하다면 그 방안도 함께 모색해 보면 되겠다.

2) 문학작품

도서 : 나에게 작은 꿈이 있다면 / 니나 레이든 글, 멜리사 카스트리욘 그림, 이상희 옮김 /
소원나무 / 2018

'나에게 작은 땅이 있다면', '나에게 작은 집이 있다면', '나에게 작은 정원이 있다면', '나에게 작은 연못이 있다면', '나에게 작은 배가 있다면', '나에게 작은 자전거가 있다면', '나에게 작은 식탁이 있다면', '나에게 작은 의자가 있다면', '나에게 작은 개가 있다면', '나에게 작은 고양이가 있다면', '나에게 남동생이 있다면', '나에게 여동생이 있다면', '나에게 작은 책이 있다면', '나에게 작은 침대가 있다면', '나에게 작은 꿈이 있다면' 그것을 '무엇'이라고 부를 거며, 그것들이 나를 행복하게 해주고 나아가 모든 꿈을 이루게 해줄 거라는 내용이 담긴 그림책이다.

열한 번째 세션을 위해 이 그림책을 선정한 이유는, 참여 어르신들에게 내 삶을 보다 행복하게 만들기 위해서 필요한 자원들에는 어떤 것들이 있는지 떠올릴 수 있도록 돕기 위해서이다. 이 그림책에서처럼 그 대상들에게 어떤 이름을 붙여보는 것도 좋겠으나, 그 상징들을 이해하는 것이 어려울 수도 있기 때문에 요소들만을 떠올리도록 돕는 것만으로도 충분한 가치가 있겠다.

3) 관련 활동

① Self Care 시스템 구축하기

이 활동은 노인이 노인을 돌본다는 '노노케어(老老Care)'라는 용어에서 착안한 것으로, 말동무와 식사를 같이 해줄 수 있는 있는 주변의 노인들처럼 나에게 든든한 자원이 될 수 있는 자원들에는 어떤 것들이 있는지 정리해 보는 것이다. 따라서 마인드맵(생각 그물)을 활용하면 되는데, 이 활동 시 주의할 점은 참여 노인들마다의 상황이

다름에서 오는 서운함 등의 상처를 받지 않게 하는 것이다. 특히 어떤 노인은 자녀 및 손자녀와의 관계가 좋아서 그들에게 돌봄을 받는 것만으로도 충분하겠지만, 상대적으로 그렇지 못한 분들도 계실 것이다. 따라서 이런 측면들을 섬세하게 챙길 필요가 있다.

세션 Session

1) 세부목표 : 여생에 대한 바람

사람들은 살아가면서 많은 것들로부터 배운다. 그 중 선조들은 비록 우리와 다른 시대에 살았지만 역사가 반복되기도 하고 세월이 흘러도 변치 않는 가치들이 있기 때문에, 체험을 통한 가르침을 준다. 다음은 유명한 사람들의 묘비명 가운데 일부를 정리한 것으로, 남은 삶의 방향성을 잡는데 도움이 될 것 같아서 인용을 했다.

지나가는 이여, 나를 기억하라. 지금 그대가 살아 있듯이, 한때는 나 또한 살아 있었노라. 내가 잠들어 있듯이, 그대 또한 반드시 잠들리라.

　　　　　　　　　　　　　　– 흑태자 에드워드(Edward The Black Prince)

내가 죽거든 나를 땅에 묻을 때 손을 땅 밖으로 내놓아라. 천하를 손에 쥐었던 이 알렉산더도 떠날 때는 빈손으로 갔다는 것을 이 세상 사람들에게 알려주기 위함이다.

　　　　　　　　　　　　　　– 알렉산더대왕(Alexandros the Great)

나는 시도하다 실패했다. 그러나 다시 또 다시 시도해서 성공했다.

　　　　　　　　　　　　　　– 게일 보든(Gail Borden)

2) 문학작품

도서 : 할아버지의 시계 / 윤재인 글, 홍성찬 그림 / 느림보 / 2010

할아버지가 태어나면서 집에 들어오게 된 시계가 80여 년 뒤 그가 돌아가시자 함께 생을 다하여 다락으로 치워졌지만, 가족들에게는 항상 소중한 물건이라는 내용이 담긴 그림책이다.

마지막 열두 번째 세션을 위해 이 책을 선정한 이유는, 모든 생의 시계는 시작이 있으면 끝도 있다는 명제에 따라 참여 노인들의 여생에 대한 이야기를 나누기 위해서이다. 부디 마지막 세션이기 때문에 서글픔보다는 기대감 속에 내게 남아 있을 시간에 대한 이야기를 나눌 수 있도록 하면 좋겠다.

3) 관련 활동

① 화분 살펴보기

이 활동은 첫 번째 세션 때 심었던 화분이 그동안 얼마나 자랐는지, 어떤 꽃을 피웠는지를 살펴보는 것으로, 그동안 화분을 돌보며 쓴 에너지와 함께 결과를 나누기 위한 것이다.

② 앞으로의 삶에 대한 바람

어떤 측면에서건 아직 욕구가 있다는 것은 삶에 대한 의지가 높다는 것이다. 따라서 거창하거나 대단하지 않더라도, 참여 노인들은 어떤 바람을 갖고 계신지 함께 이야기 나누면서 서로에게 격려를 보내주면 좋겠다.

③ 참여 소감 나누기

　사람들이 체감하는 속도는 나이만큼 빠르다고 한다. 따라서 이 프로그램에 참여한 노인들에게도 12세션이 금방 지나간 것처럼 느껴지실 수 있겠다. 어쨌든 드디어 마무리를 하는 세션이니 참여 소감을 나누고, 그동안 열심히 임해주신 점에 대한 감사 인사도 공손하게 드린 뒤 종결하면 되겠다.

자살 예방을 위한

독서치료

나

가

기

개똥밭에 굴러도 이승이 좋고, 아무리 천하고 고생스럽게 살더라도 죽는 것보다 낫다고 한다. 왜냐하면 죽으면 일단 내가 사라지면서 나와 관계된 모든 것들 또한 끝나기 때문이다. 그러니 어떻게든 살아내 보자. 매일이 행복한 사람이 몇 명이나 되겠는가. 또 반대로 매일이 죽고 싶은 사람도 몇 명이나 되겠는가. 그래도 가만히 생각해 보면 죽고 싶은 날보다 그렇지 않은 날들이 훨씬 많았을 것이다. 그러니 다른 누구도 아닌 나 자신을 위해 열심히 살아내 보자.

주제별 독서치료 시리즈 4 – 자살

자살 예방을 위한 독서치료

초판인쇄 2022년 07월 06일
초판발행 2022년 07월 14일
저   자 임성관
발 행 인 권호순
발 행 처 시간의물레
등   록 2004년 6월 5일
주   소 경기도 파주시 숲속노을로 150, 708-701
전   화 031-945-3867
팩   스 031-945-3868
전자우편 timeofr@naver.com
블 로 그 http://blog.naver.com/mulretime
홈페이지 http://www.mulretime.com
I S B N 978-89-6511-392-8 (93020)
정   가 18,000원